臨床心理学21-6（通巻126号）

[特集] 喪失・悲嘆──存在と不在の「あいだ」で回復を求めて

好評既刊

Ψ 金剛出版　〒112-0005　東京都文京区水道1-5-16　Tel. 03-3815-6661　Fax. 03-3818-6848
e-mail eigyo@kongoshuppan.co.jp　URL https://www.kongoshuppan.co.jp/

あなたの自己回復力を育てる
認知行動療法とレジリエンス

[著] マイケル・ニーナン　[監訳] 石垣琢麿　[訳] 柳沢圭子

壊れた生態系の復元，経済的低迷からの復活，災害からの復興など，さまざまな意味をもつ「回復力＝レジリエンス（resilience）」。マイケル・ニーナンはトラウマや喪失や逆境から立ち直る「心の回復力」にテーマを絞り，職場の対人関係や困った人への対処など，実例を紹介しながら解説している。回復力は，外から与えられるものではなく，わたしたち一人ひとりの経験の奥深くに眠っている。大切なことは，それに気づき，掘り起こし，日常生活に活かすことだ。早速ページを開き，認知行動療法家マイケル・ニーナンの水先案内とともに，あなただけの回復力を探しに行こう！　　　　定価3,740円

リジリアンスを育てよう
危機にある若者たちとの対話を進める6つの戦略

[著] マイケル・ウンガー
[訳] 松嶋秀明　奥野 光　小森康永

若者の危険な行動は，サバイバル（生き残ること）とスライバル（成功すること）を賭けた，かけがえのないアイデンティティの探求である。「非行少年」「問題のある若者」たちとの臨床から，リジリアンス（＝逆境に打ち克つ力）研究を牽引するマイケル・ウンガーが示すストレングス志向の新たなパースペクティブ。若者のリジリアンスを評価する「リジリアントな若者のストレングス・インベントリー RYSI」，訳者による解説「非行臨床にいかすリジリアンスの視点」を収載。　　　　定価2,860円

リジリエンス
喪失と悲嘆についての新たな視点

[著] ジョージ・A・ボナーノ　[監訳] 高橋祥友

本書の著者ボナーノは，リジリエンス（resilience）を「極度の不利な状況に直面しても，正常な平衡状態を維持することができる能力」と定義している。ボナーノ博士の研究は従来の悲嘆に関する理論に素朴に疑問を感じるところから出発し，悲嘆や死別の理論として有名なキューブラー・ロスの五段階理論を批判し，9・11同時多発テロなどを例に，心的外傷とリジリエンスについて詳細な考察を展開する。愛する人との死別に苦しむ人自身，そしてそのケアに当たる人にとっても，死にゆくことや死についての肯定的な視点が得られる必読の書といえるだろう。　　　　定価3,080円

価格は10%税込です。

🐟 [特集] 喪失・悲嘆——存在と不在の「あいだ」で回復を求めて

あいまいさのなかでの喪失と回復
存在と不在の「あいだ」を生きる

橋本和明 Kazuaki Hashimoto

花園大学

I　悲しみは喪失から

人の悲しみに向き合うとき，そこにはその人がこれまで生きてきたなかでの"なくしもの"が見え隠れする。筆者は臨床をする上で，このクライエントはどこで，何をなくしたのだろうかと思いながら話をしばしば聞いている。事故や事件，災害などで深い傷つきを体験しているトラウマ受傷者の場合であれば，その喪失は愛して止まない家族であったり，住み慣れた家であったり，これまで平穏に生きてきた過去であったりする。あるいは，トラウマを体験する前まで感じられていた愛しい自分自身であったりするかもしれない。いずれにせよ，悲しみを乗り越えていくためには，自分の喪失と向き合い，"なくしたもの"をどうやって取り戻すのか，仮に取り戻せないとした場合はその穴埋めをいかにしていくのかを考えていかねばならない。

悲しみの原点にあるのが喪失であることは，Freud（1917）が「悲哀とメランコリー」という論文のなかで，「悲哀の仕事」として取り上げたことはあまりに有名である。ここで言う「悲哀」とは，愛する対象を失うことによって引き起こされる心のありようのことである。われわれは誰しもその過程を経ることによって愛着対象や依存対象から離脱していくことができ，再び心の安定を獲得する方向に向かうというのである。

II　あいまいな喪失における悲しみの質的変化

ところが，何かをなくしてはいるのは確かだが，何をなくしているのかわからない，あるいは，本当になくしたのかどうかもわかりにくいといった喪失を経験することはないだろうか。言い換えれば，これまで在ったものがなくなったり，なくしたと思っているものが在ったりする，「在」と「不在」の混入のみられる喪失である。そうなると，対象が明らかな喪失による哀しみとは違った悲しみを経験したり，悲しみとは言い切れない別の呼び名が付けられる感情が沸き起こってきたりもする。

それを痛烈に感じさせたひとつに，世界中を脅威に陥れた新型コロナウイルス禍がある。コロナ禍はわれわれの生活スタイルをはじめ，対人距離の取り方を大きく変えさせた。今までは毎日顔を合わしていた仲間なのに緊急事態宣言下では学校閉鎖やテレワークとなり突然会えなくなった。決して目の前から対象が消えてしまったわけではない。オンラインを通じてその仲間と出会えたりも

するので，少なくともパソコン画面ではその対象は確かに存在はしている。ところが，オンラインの接続を切るとアッという間に不在になる。その瞬間，自分は取り残された気分になり，日常の見慣れたパソコン画面に向き合わざるを得なくなって，対象をなくした悲しみというほど大袈裟ではないものの，妙な違和感を覚える。そして，コロナ禍では感染防止のために数少ない身内だけの家族葬が執り行われることが多くなり，葬儀も様変わりしてきた。亡くなった方への弔いもしっかりできぬまま，お別れをしなくてはならない。このように喪失も以前のような喪失とは少し違っている。では，"あいまいな喪失"がもたらすものとは一体何なのだろうか。

　Boss（1999）は自身の経験から"あいまいな喪失（Ambiguous Loss）"という概念を提起し，身体的，心理的な存在／不在に関する曖昧性がある場合，「その曖昧性は多くの人々に未解決のトラウマと凍結した悲嘆をもたらす」と語った。そして，あいまいな喪失には2つのタイプがあるとし，ひとつは身体的には不在であるが心理的に存在していると認知されるもの（自然災害における行方不明者など），もうひとつは喪失が身体的には存在しているが心理的に不在であると認知されるもの（認知症など）だと指摘する。いずれにせよ，喪失が「最終的」か「一時的」かが不明確であるゆえ，悲哀の過程を進めることができず，人々を困惑させ身動きが取れない状態に追い込んでしまう。また，喪失があいまいであるからこそ，人々にアンビバレンツな感情を引き起こし，ストレスを知らぬ間に増幅させると述べている。言わば，喪失があいまいであるゆえに，悲しみの質が変容し，その受け止め方，噛みしめ方がより複雑となって立ちゆかぬ状況に陥ってしまうと言うのである。

III　あいまいな喪失を経験している2つのケース

　両親が離婚し，別居している父が面会交流を求めていた小学6年生の女児Aのケースがあった。

Aはそれまでにも父の母への暴力を見せつけられ，父を怖い存在と感じていたため，離婚によってようやく生活に安堵を感じられるようになっていた。その矢先に父から毎月1回の面会交流の申し出があり，それ以降，Aは眠れない，学校に行けない，身体が震えるなどのさまざまな症状を呈するようになった。Aにとってはもはや父は心の中から消してしまいたい存在であるにもかかわらず，現実的には存在している。実の親子であるために，仮に離婚をしたとしても関係が切れないことはAも理解はしているが，父とどのように距離をとっていいのか，心の中で別れた父をどこに収めておけばいいのか混乱するのであった。

　次のケースは，認知症が進んで，家族のこともわからなくなった母を持つ58歳の息子Bのケースである。これまでBは母を自宅で介護してきたが，徘徊が酷くなるとともに，家族の顔も名前も認識できなくなり介護施設に入居させた。Bは定期的に施設を訪れるものの，母とのコミュニケーションはまったく噛み合わず，母との情緒的な交流がもはやできない状態となった。以前のように冗談を言い合ったり，テレビの話題を取り上げて会話していたあの頃の関係性はもはやなく，Bにとっては目の前にいる母は他人同然の存在でしかなくなった。

　この2つのケースはいずれもあいまいな喪失の最中にいると言ってもいい。前者は，Bossの類型によるところの「身体的不在／心理的存在＝さよならのない別れ」であり，後者は「身体的存在／心理的不在＝別れのないさよなら」に当てはまるかもしれない。両者に共通するのは，家族なのか家族ではないのかという境界が不明瞭となり，対象をどう位置づけてよいのかわからないという点である。また，対象との別れの仕方が中途半端なものとなり，喪失でもあり喪失でもないという悲しみの停滞を招いている。前者のAの場合は離婚によって父を心から切り離し，そこに喪失による悲しみの過程を味わうことができれば，それなりのAの成長が遂げられたかもしれない。し

かし，父を切り離そうとしても父は現れてしまい喪失すらできない。後者のBの場合，母は身体的な意味では家族であるが，情緒的な意味ではもはや失われた存在となってしまっている。現実の母を見ていることで，心の中の喪失対象としての母が見えにくくなっている。

Ⅳ　「在」と「不在」の間にある不安感を生き抜く

　あいまいということは枠が不明瞭で境界がないということである。在るのか，ないのかわからないという認識は漠然とした不安を喚起させるものである。この「在」と「不在」の間にあるものの正体は不安感に他ならない。先述した2つのケースにおいても，すでにどこかで喪失はしているものの，それを悲しんでいいものなのかと困惑している。逆に，Aとしてはせっかく切り離すことができた父と再びつなげられることへの不安が大きいと言えるし，Bにとっては情緒的な交流はないとしても，身体的にはなくなっていない母に，喪失した悲しみを向けることが不安を喚起させてしまう。

　現在のコロナ禍においてもまさにこれと同じような不安が掻き立てられる。ウイルスが自分の身近に在るのかないのか，これから先は感染が収束するのかしないのかがあいまいなまま，日々生活していかなければならない。そこにも「在」「不在」のテーマが見え隠れする。新型コロナウイルスによって，生活が一変したことは事実であるが，われわれは一体何をなくしたのかと聞かれると答えにくい。どこかに喪失があったが，その喪失が何なのか，そして，喪失の受け止め方や悲しみ方がまだわからないでいる。

　神田橋（1984）は，「輪郭を明確にするのは動きを止めるのに役立ち，輪郭を取っ払うのは動きを引き起こすのに役立つ。これはあらゆる心理的操作の基本である」と述べている。この発言を本稿のテーマである"あいまいさ"に当てはめると

するならば，自分たちはその動きを止めるために少し立ち止まらねばならないかもしれない。そして，これまで自分がどのように歩んできたのか，これからどこに進もうとしているのかを冷静に，しかも客観的に捉えようとする姿勢が求められるのだろう。また，Boss（2006）は，あいまいな喪失に対処していく方策として，①意味を見つける，②支配感を調節する，③アイデンティティの再構築，④両価的な感情を正常なものと見なす，⑤新しい愛着の形を見つける，⑥希望を見出す，ということを挙げている。このことは，言い換えれば，あいまいな喪失をナラティブに変換させ，主体性を取り戻し，対象との新たな関係性を構築していくことである。

　現代はあいまいな喪失に直面することが多くなってきている。あいまいさゆえに対処がしにくく，それが生きにくさとなって大きなストレスや葛藤を抱えてしまうこともある。あいまいさに隠れている喪失をいかに噛みしめて生き抜き，そこにわれわれがどのような意味を見いだしていけるのかは，心理臨床だけではなく，社会の大きな課題と言える。

▶文献

Boss P (1999) Ambiguous Loss : Learning to Live with Unsolved Grief. Harvard University Press.（南山浩二 訳（2005）「さよなら」のない別れ 別れのない「さよなら」―あいまいな喪失. 学文社）
Boss P (2006) Loss, Trauma, and Resilience : Therapeutic Work with Ambiguous Loss. Norton.（中島聡美, 石井千賀子 監訳（2015）あいまいな喪失とトラウマからの回復―家族とコミュニティのレジリエンス. 誠信書房）
Freud S (1917) Trauer und melancholie. In : A Freud, E Bibring, W Hoffer, E Kris und O Isakower（hrsg）（1946）Gesammelte Werke X : Werke aus den Jahren 1913-1917. S Fischer.（井村恒郎 訳（1970）悲哀とメランコリー. In：フロイト著作集 第6巻. 人文書院）
神田橋條治（1984）精神科診断面接のコツ. 岩崎学術出版社.

[特集] 喪失・悲嘆——存在と不在の「あいだ」で回復を求めて

複雑性悲嘆

概念と治療

中島聡美 Satomi Nakajima

武蔵野大学人間科学部／大学院人間社会研究科

I　はじめに

大切な人との死別による悲嘆は，"人間におそいかかるもっとも悲惨な経験の１つ"（Bowlby, 1980 ［黒田ほか訳，1981，p.4］）であるが，ほとんどの人が体験し，多くの場合は時間の経過とともに和らぐことから病的なものとはみなされてこなかった。しかし，遺族の中には，何年たっても強い悲嘆反応が続き，社会機能の障害をきたす一群が存在する。このような慢性化した悲嘆は，複雑性悲嘆（Complicated grief）と呼ばれ，COVID-19感染症の蔓延により，現在，メンタルヘルスの領域の重要な課題となってきている。COVID-19感染症の予防のため，私たちは，大切な人を看護し，看取ることが難しくなった。このように通常ではない死別を迎えた遺族では，複雑性悲嘆のリスクが高くなることが懸念されている（Wallace et al., 2020）。この状況は日本においても例外ではなく，複雑性悲嘆への関心や治療のニーズが高まると考えられる。

II　複雑性悲嘆症の用語と診断基準の変遷

現在の概念に該当する複雑性悲嘆を提唱したのは Prigerson et al.（1995a）であろう。Prigerson et al.（1995a）は，愛着理論に基づき，複雑性悲嘆は故人へのとらわれや思慕など分離の不安と死別の苦痛が中核であるとし，また，評価尺度（Inventory of complicated grief）を開発した（Prigerson et al., 1995b）。この尺度の存在によって，複雑性悲嘆についての研究は飛躍的に進むようになった。複雑性悲嘆は心疾患やがんのリスクの増大（Prigerson et al., 1997），自殺行動の増加（Boelen & Prigerson, 2007），QOLの低下（Boelen & Prigerson, 2007）と関連していることが報告され，その影響の深刻であることが明らかになった。これらの研究の結果から，DSM-5（APA, 2013）では，"重度で持続する悲嘆および喪の反応"という複雑性悲嘆に該当する精神障害として"持続性複雑死別障害（Persistent complex bereavement disorder）"が取り入れられた。しかし，DSM-5では診断基準は正式には定められず，今後の研究のための病態としてとりあげられるにとどまることになった。その後ICD-11（WHO, 2019）において，複雑性悲嘆は，prolonged grief disorder（遷延性悲嘆症：現在定訳が公表されていないので，この訳は筆者による）として精神障害として位置づけられた。しかし，持続性複雑死別障害と遷延性悲嘆症の症状では，いくつかの点

で違いがあった（表）。最も大きな違いは診断の時期である。持続性複雑死別障害は死別から12カ月以上症状が持続していることとされているが，遷延性悲嘆症では6カ月の持続で診断可能である。この問題の解決のために，DSM-5の改訂に向けてPrigerson et al.（2021）は，新しい診断基準を提唱した（表）。この新たな診断基準では診断時期を死別から12カ月後とするなど持続性複雑死別障害との共通性が高くなっている。Prigersonらの提案がDSM-5においてそのまま採択されるわけではないが，DSM-5とICD-11における診断基準の違いが，DSM-5の改訂において解決されるかは今後の動向を見守る必要があるだろう。

III　複雑性悲嘆の疫学

　複雑性悲嘆の有病率は，研究者によって評価基準が異なるためばらつきが大きい。Lundorff et al.（2017）のメタアナリシスでは，自死などの暴力的死別ではない一般住民の遺族における複雑性悲嘆の有病率は9.8％であった。

　また，複雑性悲嘆の有病率は死因によっても異なる。犯罪や事故，自殺による死別の遺族では，病死の遺族に比べ有病率が高い傾向にある。例えば，オランダの自死遺族を対象とした長期縦断研究では死別後96〜120カ月の時点で57.4％であった（de Groot & Kollen, 2013）。したがって，複雑性悲嘆のリスク要因としては，突然の死別であること，暴力的な死別があげられる。また，そもそも悲嘆が，愛着や養育の対象の喪失によって生じる反応であるため，死別前の愛着の不安定さや過去の喪失体験，故人との強い結びつき，故人との関係性（子ども,配偶者）は複雑化に関連する。Stroebe & Schut（1999）は，悲嘆の正常な経過には，死別に向きあうこと（喪失志向）と悲しみを脇に置いて新たな生活の再建を行うこと（回復志向）の2つを，揺らぎながら現実生活の中で行うことが必要であるという対処モデル（二重過程モデル）を提唱しているが，経済的な問題や介護

等で故人を悼むような状況になかったり，他者から傷つけられるような体験やサポートの不足などの要因は，この対処行動を妨げることで複雑性悲嘆のリスクとなっている。

IV　複雑性悲嘆の治療

　複雑性悲嘆の薬物療法については現在十分な効果のエビデンスがあるものはない。Shear et al.（2016）は，複雑性悲嘆患者を対象に，心理療法と薬物療法（citalopram）の比較を行ったが，citalopram群では，抑うつ症状や自殺行動の改善は見られたが，複雑性悲嘆症状は対照群と比較して有意な改善を示さなかった。

　一方，心理療法については現在までに2つのメタアナリシス（Wittouck et al., 2011；Johannsen et al., 2019）で，複雑性悲嘆に焦点化した認知行動療法の有効性が報告されている。その中でも，最も大規模の対象で効果が検証されている心理療法として，Shear et al.（2005）が開発した複雑性悲嘆治療（Complicated grief treatment：CGT）があげられる。CGTは，対人関係療法と曝露の要素を含む認知行動療法，サイコドラマの要素を組み合わせた治療であり，二重過程モデルに基づく喪失志向と回復志向の治療要素を持つ。対面による個人療法であり，週1回，16回のセッションを行う。CGTは，悲嘆を妨げている要因——死の受容の困難と感情調整困難，回避行動——に対して曝露を用いている。CGTは対人関係療法との無作為化比較試験で，治療反応性，複雑性悲嘆症状の重症度において有意な改善を示したことが報告されている(Shear et al., 2005)。筆者らは，予備的研究から日本人の複雑性悲嘆の遺族に対してもCGTが有効性である感触を得ている（中島ほか，2017）。現在，COVID-19感染症の蔓延により，遠隔治療の関心が高まっているが，複雑性悲嘆に対しては，Wagner et al.（2006）が，eメールを用いた遠隔治療に早くから取り組んできた。このプログラムは日本でも予備的研究での効果が報告されている（白井ほか，2020）。

表　持続性複雑死別障害（DSM-5），遷延性悲嘆症（ICD-11）および
Prigerson らによる DSM-5 改訂に向けての新たな診断基準案

	DSM-5	ICD-11	Prigerson らの DSM-5 改訂に対する新たな診断基準案
疾患名	Persistent complicated bereavement disorder（持続性複雑死別障害）	Prolonged grief disorder（遷延性悲嘆症）	Prolonged grief disorder（遷延性悲嘆症）
診断カテゴリー	心的外傷およびストレス因関連障害群（診断基準は今後の研究のための病態）	ストレスに関連した特定の障害（Disorders specifically associated with stress）	
概念	通常の悲嘆より長期に持続している悲嘆	急性期の悲嘆の遷延化	
症状の持続期間	死別から 12 カ月以上の持続	死別から 6 カ月以上の持続	死別から 12 カ月以上経過した時点での 1 カ月間以上の症状の持続
死別体験	親しい人の死の経験	親しい人の死の経験	親しい人の死の経験
症状の程度	症状のある状態がない状態より多いレベル		ほとんど毎日かそれ以上
症状数	16	10 の反応を伴う 2 つの主要症状	8
分離の苦痛に関する症状	故人に対する持続する思慕・切望	故人に対する思慕	故人への強い思慕・切望
	死に対する反応としての強い悲しみと情動的な苦痛	強烈な情動的苦痛，悲しみ	死に対する強い情動的苦痛（怒り，苦々しさ，悲しみなど）
	故人への没頭	故人への持続的な没頭	故人に対する思考や思い出への没頭
	死の状況についての没頭		
死に対する反応としての苦痛	死を受け入れることの困難	死を受け入れることへの困難	顕著な死への不信
	死に対する感情的な麻痺	情動の麻痺	死によって生じた感情の麻痺（感情のなさ，あるいは顕著な減退，茫然とした感覚）
	故人について肯定的に思い出すことの困難		
	喪失に対する苦々しさや怒り	怒り	死に対する強い情動的苦痛（怒り，苦々しさや悲しみなど）
	自責感，自己非難	自責感，非難	
	喪失を思い起こさせるものに対する過剰な回避		故人が死んだことを思い出させるものに対する回避
		肯定的感情の体験の困難	
社会機能／アイデンティティの崩壊	希死念慮		
	他者への不信	対人交流の困難	死別後の生活の復元（reintegration）の困難（対人交流，興味関心のあることの追及，将来の計画を立てることなどの困難）
	孤独感，疎外感		死によって生じた強い孤独感（孤独感や疎外感など）
	人生の空虚感・無価値観		死によって生じた人生が無意味である感覚
	自分の一部が死んでしまったような感覚	自分の一部を失ってしまったという感覚	アイデンティティの混乱（例：自分の一部が死んだような感覚）
	興味関心の低下，将来の計画を立てることの困難	その他の活動に参加することの困難	死別後の生活の復元（reintegration）の困難（対人交流，興味関心のあることの追及，将来の計画を立てることの困難など）
		否認	

注）網掛けの部分は持続性複雑性死別障害と遷延性悲嘆症（ICD-11）の症状で共通している項目である。

Ⅴ　まとめ

通常ではない悲嘆として1990年以降研究がすすめられてきた複雑性悲嘆は，ICD-11により遷延性悲嘆症として精神障害に位置付けられた。このことは，研究の進展や治療の普及の道筋を開く重要な展開であると言える。複雑性悲嘆については，悲嘆に焦点化した認知行動療法の有効性が報告されており，日本でも効果検証が行われるようになってきている。しかし，日本の心理臨床においては，通常の悲嘆の心理療法についてもまだ十分に提供できる状況ではない。COVID-19感染症によって遺族ケアへの関心が医療現場では高まってきていることから，精神科医療関係者や公認心理師，臨床心理士の教育や研修において悲嘆や複雑性悲嘆の理解をふかめていくことがまずは必要であろう。

▶ 文献

American Psychiatric Association（2013）Diagnostic and Statistical Manual of Mental Disorders. Fifth Edition. Washington, DC : American Psychiatric Publication.

Boelen P & Prigerson H（2007）The influence of symptoms of prolonged grief disorder, depression, and anxiety on quality of life among bereaved adults : A prospective study. European Archives of Psychiatry and Clinical Neuroscience 257 ; 444-452.

Bowlby J（1980）Attachment and Loss. Vol.3. Loss : Sadness and Depression. London : The Tavistock Institute of Human Relations.（黒田実郎, 吉田恒子, 横浜恵美子 訳（1981）母子関係の理論 III―対象喪失. 岩崎学術出版社）

de Groot M & Kollen B（2013）Course of bereavement over 8-10 years in first degree relatives and spouses of people who committed suicide : Longitudinal community based cohort study. BMJ 347 ; f5519.

Johannsen M, Damholdt M, Zachariae R et al.（2019）Psychological interventions for grief in adults : A systematic review and meta-analysis of randomized controlled trials. Journal of Affective Disorders 253 ; 69-86.

Lundorff M, Holmgren H, Zachariae R et al.（2017）Prevalence of prolonged grief disorder in adult bereavement : A systematic review and meta-analysis. Journal of Affective Disorders 212 ; 138-149.

中島聡美, 伊藤正哉, 白井明美ほか（2017）日本における複雑性悲嘆の認知行動療法（CGT）の有効性についての予備的研究. 精神神経学雑誌 113（2017 特別号）; S463-S463.

Prigerson H, Bierhals A, Kasl S et al.（1997）Traumatic grief as a risk factor for mental and physical morbidity. American Journal of Psychiatry 154 ; 616-623.

Prigerson H, Boelen P, Xu J et al.（2021）Validation of the new DSM-5-TR criteria for prolonged grief disorder and the PG-13-Revised（PG-13-R）scale. World Psychiatry 20 ; 96-106.

Prigerson H, Frank E, Kasl S et al.（1995a）Complicated grief and bereavement-related depression as distinct disorders : Preliminary empirical validation in elderly bereaved spouses. American Journal of Psychiatry 152 ; 22-30.

Prigerson H, Maciejewski P, Reynolds C et al.（1995b）Inventory of complicated grief : A scale to measure maladaptive symptoms of loss. Psychiatry Research 59 ; 65-79.

Shear K, Frank E, Houck P et al.（2005）Treatment of complicated grief : A randomized controlled trial. JAMA 293 ; 2601-2608.

Shear K, Frank E, Houck P et al.（2016）Optimizing treatment of complicated grief : A randomized clinical trial. JAMA Psychiatry 73 ; 685-694.

白井明美, 中島聡美, Wagner B（2020）複雑性悲嘆の筆記療法―筆記表現の変化を中心に. グリーフ＆ビリーブメント研究 1 ; 7-42.

Stroebe M & Schut H（1999）The dual process model of coping with bereavement : Rationale and description. Death Studies 2 ; 197-224.

Wagner B, Knaevelsrud C & Maercker A（2006）Internet-based cognitive-behavioral therapy for complicated grief : A randomized controlled trial. Death Studies 30 ; 429-453.

Wallace C, Wladkowski S, Gibson A et al.（2020）Grief during the COVID-19 pandemic : Considerations for palliative care providers. Journal of Pain and Symptom Management 60 ; e70-e76.

Wittouck C, Van Autreve S, De Jaegere E et al.（2011）The prevention and treatment of complicated grief : A meta-analysis. Clinical Psychology Review 31 ; 69-78.

World Health Organization（2019）ICD-11 for Mortality and Morbidity Statistics. Version : 04 / 2019. Genova : WHO（https://icd.who.int/browse11/l-m/en#/http%3a%2f%2fid.who.int%2ficd%2fentity%2f1183832314 ［2021年9月30日閲覧］）

[特集] 喪失・悲嘆——存在と不在の「あいだ」で回復を求めて

あいまいな喪失とレジリエンス

黒川雅代子 Kayoko Kurokawa
龍谷大学短期大学部

瀬藤乃理子 Noriko Setou
福島県立医科大学

石井千賀子 Chikako Ishii
石井家族療法研究室

I　はじめに

大切な人が行方不明になる，認知症で手の届かない存在になるなど，存在と不在の間にあるあいまいさが，心理的な喪失と身体的な喪失の両方の性質を持つ特殊な喪失を引き起こす。あいまいな喪失とは，喪失そのものが不確実で，解決することも，終結することもない喪失である（Boss, 2006/2015）。Pauline Boss（1999/2005, 2006/2015）によって提唱されたあいまいな喪失理論は，2つのタイプに分けて説明される。

タイプ1は，心理的には存在しているが，身体的（物理的）には存在していない状態（さよならのない別れ）である。例えば，行方不明者の家族は，生死が不確実なため，諦めるのか，待ち続けるのかがわからなくなり，家族のプロセスを凍結させてしまう。より一般的な例では，両親の離婚後に親子が別れて暮らす，コロナ禍できちんと友人や恩師と別れをせずに卒業してしまうなどがある。

タイプ2は，身体的（物理的）には存在しているが，心理的には存在していない状態（別れのないさよなら）である。認知症や精神障がいの人は，存在しているが，情緒，認知のレベルが失われている状態である。より身近では，ゲーム依存やワーカホリック，コロナ禍で以前の学校生活とは異なってしまったなどがある。

あいまいな喪失の支援は，喪失に区切りをつけたり，乗り越えたりするのではなく，そのあいまいさとともに生きていくこと，つまりあいまいさに耐える力の強化，レジリエンスを高めることである。そのための支援方法として，6つのガイドラインがある。ガイドラインの詳細は以下に記述する（Boss, 2006/2015）。

II　あいまいな喪失に対する6つのガイドライン

1　意味を見つける

意味があるとは，出来事に論理的で一貫した理性的な理由づけを見出せることである。困っている状況に「あいまいな喪失」と名前を付け，ストレスの原因を外在化する，物事に白黒付けようと奔走するのではなく，「AでもありBでもあり」という弁証法的な考え方をする。

2　人生のコントロール感を調整する

自分が望むような結果になることが難しい場合，人生のコントロール感を柔軟にすることが求められる。そのため，世の中がいつも正しく，公平ではないことに気づく，解決できないことに対

して自分や他者を責めない，といった対応になる。

3　アイデンティティを再構築する

ここでのアイデンティティとは，家族やコミュニティの対人関係において，自分が何者なのか，自分の役割は何なのか，わかっているということである。あいまいさは，アイデンティティを混乱させるため，家族の役割を再構築する，行事の際の家族の役割を見直す。

4　両価的な感情を正常なものと見なす

あいまいな喪失は，いなくなってしまった人や他の家族に対して，両価的な気持ち，感情，振る舞いを引き起こし，罪悪感を抱かせる。両価的な感情が普通に起こることだと理解する。

5　新しい愛着の形を見つける

愛着関係にある人と死別した人は，多くの場合，悲嘆反応を経て，故人との新たな関係性を築き，生活に適応していくプロセスをたどる。しかし，喪失が不確実であれば，新たな関係性を築くことが難しい。そのため，いなくなった人や故郷との関係を持ちつつ，新しいつながりを築く方法を模索する。

6　希望を見出す

希望は，未来は良いものであるという信念である。しかし，ただ単に悩みに終わりがあると期待することではない。答えのない問いを受け止める，新たな選択肢をイメージする，思うように物事が進まなくても生きていける感覚をつかむ。

ガイドラインによる支援は，円環的であり，一直線に段階を経て進むものではない。意味を見つけることと希望を見出すことは，メビウスの輪のようにつながっていると Boss（2006/2015）は述べている。

III　あいまいな喪失におけるレジリエンス

あいまいな喪失は，通常をはるかに超えたストレスで，悲嘆のプロセスを凍結させ問題の解決を阻むが，それはその人たちの精神的な脆弱性を示すものではない。多くの人々にはレジリエンスがある。セラピストは，困難なことばかりに目を向けず，クライエントの健康的なレジリエンスを引き出すという考え方が必要となる。

あいまいな喪失におけるレジリエンスは，重圧に耐えうる力だけではなく，成長を含み，あいまいさの中で，安定して生きることができることを意味している。例としては，子どもが誘拐に遭う，親が認知症になる，子どもが家を離れる，高齢者が施設に入所するなど，出来事に差があっても，それぞれが少しでも豊かに生き，成長していくための術を探すことである（Boss, 2006/2015）。

IV　事例を通して考えるあいまいな喪失

東日本大震災で家族が行方不明になった A さん，B さんに震災5年後，10年後にインタビューを行った。インタビューは龍谷大学「人を対象とする研究に関する倫理委員会」の承認を受け，実施した。以下は，発表の承諾を得るとともに，個人が特定されないように一部修正を加え，紙面の都合上，概略のみ報告する。

1　事例A

A さんの両親は，幼少期，貧しい家で苦労して育った。結婚後，遠洋漁業に出ていた父親は家族のために一生懸命働き，苦労して生涯で2度の家を建てた。2度目の家は，両親の希望を取り入れ，瓦屋根にソーラーパネルを置いた自慢の家だった。瓦屋根は，夏は涼しく，冬は暖かい。そのため，瓦屋根で家を建てることはこの地域の漁師のステータスだった。

父親は60歳を過ぎて船を降り，そこから近所付き合いをしたり，映画やコンサートに行ったりと，夫婦で日常を楽しんでいた。

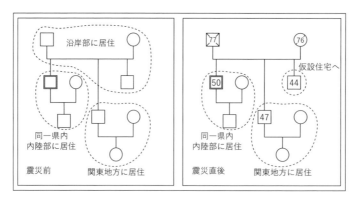

図1　震災前後のジェノグラム（事例A）

　震災当日，両親が住んでいた家は，第一波の津波で破壊された。記録によると40m近い津波が集落ごとのみこんでいった。同居していた三男は仕事で不在であった。母親は脳梗塞の後遺症のため杖歩行で，両親だけで高台に避難することは困難であった。

　父親は，約1週間後に遺体で発見されたが，母親は今も行方不明のままである。

　集落では，多くの人が行方不明となった。どこかで助かっていてほしいと思いつつ，49日の満中陰になれば，どの家も戒名をつけて葬儀をしなければという気持ちになった。それぞれみんなはどうするのかをうかがいつつ，徐々に死亡届を出し始めた。Aさんたち兄弟は，次男の反対もあったが，最終的には母親の死亡届を提出した。

1．被災した地域や両親に対する思い

　近所の車に便乗し助かった人もいた。車で3分もあれば高台に避難できたため，Aさんたちには，誰かが一緒に車に乗せて避難してくれていれば助かったのにという思いがあった。父親は，親戚や近所の人に，分け隔てなく親切にする人だったのに，大事な時は見捨てられたという怒りの感情が沸き上がっていた。

2．兄弟の反応

　高校卒業後に就職し，自立した次男は，親戚の冠婚葬祭にも姿を現さないほど，故郷から距離を置いている印象だった。しかし，行方不明の母親に関する死亡届の提出をできるだけ待ちたいと言い，壊れた実家の基礎を壊すのを最後まで嫌がった。

　両親と同居していた三男は，自分が家にいれば両親は避難できたという思いが強く，母親が流れ着いた場所を探すために津波映像を繰り返し見たため，心身の不調を訴え2年くらい心療内科に通っていた。瓦礫の中から瓦を探し出して大切に保管し，父親が最後に着ていた真っ黒になった衣服を，何回も洗って大切に折りたたんで位牌の横に飾っている。祥月命日には両親のお墓の掃除を欠かさない。

　震災前は兄弟同士のつながりはなく，両親と単独でつながっている状態であったが，現在は両親のことでつながるようになった。

3．Aさんの語り

　誰かが車に乗せて逃げてくれていたら助かったのに，という思いが拭い去れなかった。しかし，最近は諦めるという気持ちになってきた。定命，寿命と考えるようにしている。

　この地域には数々の津波に襲われてきた歴史がある。そして，ひとたび海に出れば命の危険と隣り合わせだ。だからたいていの人は諦める。墓地に行けば必ず海難事故の供養碑がたくさんあり，

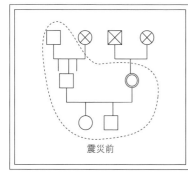
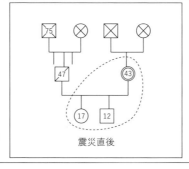
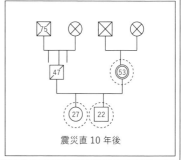

震災前　　　　　　　　　　震災直後　　　　　　　　　震災直10年後

図2　震災前後および10年後のジェノグラム（事例B）

幼少期からその碑にお参りをして育った。みんな海のおかげで生きている。なんでこの海が荒れたのかなと思いつつ，津波があるところだからしょうがない。輝いているきれいな海を見ると穏やかな気持ちになり，きらきら光っている海を見て，母親もどこかにいるんだろうなと感じる。

　父親は，傷だらけの顔，水と砂で色が変わってしまった遺体で発見されたため，亡くなったことが強烈な印象として残っている。母親は，遺体を見ていないので迫ってくるものがない。亡くなったことをどこかで忘れてしまっているような感じもする。

　母親の好きだったものを仏壇に供え，好きだった歌を流す。死んでいるかもしれないけれども，気持ちの中ではつながっていると思える。そして，お墓の父親に「おふくろ，どこにいるのかな」と話しかける。

　故郷の土地は，ベルトコンベアでかさ上げされ，地形が変わってしまった。実家のあった場所は高台に行くためのアクセス道路になり，今は痕跡もない。Aさんは，今の町は故郷であって故郷でないと感じている。

　Aさんは仕事の傍ら，地域の文化財の修復・保全に取り組んでいる。親が行方不明のままの子どもに，親の人生を語り聞かせる。そんなことが大切だと語る。表面的に復興しても魂が入らない。子どもたちが故郷に誇りを持てるように，町のアイデンティティを残したいと考えている。

2　事例B

　Bさんの家族は，津波によって漁業を営む義父が亡くなり，夫は行方不明となった。

1．Bさんの語り

　当初，子どもたちにとって，お父さんは「亡くなった」のではなく，「突然いなくなった」「帰って来なかった」という存在だった。

　Bさんは，行方不明の夫に対して，見つかってほしい，帰ってきてほしい，なぜこんな思いをしなければならないのかという気持ちと同時に，子どもを育てるというミッションを私だけに置いていくなんてずるいという感情を持った。

　Bさんは，「あいまいな喪失」という言葉がすごくピタッときた，自分の気持ちが理解できたと語る。震災以降，自分は渦の中にいた。ある日突然夫がいなくなった，その事実を抱えながら生きていく中で，自分が悪かったんじゃないか，なんで自分はこんな思いをするんだ，そんな感情が「あいまいな喪失」だと知って，渦の外からこれまでのことを見られるようになった。時間が経過しても，渦はなくならないが，今ではなくさなくても良いと思える。

　10年間のプロセスを経て，子どもたちはそれぞれに成長した。しかし，その途上で2人とも不登校を経験した。奨学金やさまざまな支援を受けて学校に行くことは，優等生でなければならない，お世話になった分を返さなければならないという

プレッシャーが付きまとう。Ｂさんは，そんな子どもたちに対して，いろいろなことがあったけれど，もう自由でいい，好きに生きよう，自分たちでいようと話し合ったという。

Ｂさんは，震災はいろいろなものを奪っていったけれども，全てがダメになったのではなく，強くなった自分がいると感じている。何よりも子どもたちが成長した。そして，夫婦ですることを，一人でどうにか頑張ってきたという自信も芽生えつつある。子どもたちに育てられた，気付かなかった部分に気付かせてもらえたと感じている。

Ⅴ　事例を通して考える あいまいな喪失とレジリエンス

Ａさんは，行方不明の母親に対して，亡くなったことには変わりがないと語っていた。海の仕事を生業としてきた地域がもつ，死生観が影響しているのではないかと考える。

しかし，Ａさんは，両親の死を現実のものとしながらも，誰かが一緒に逃げてくれていたらという思いを拭い去ることができなかった。父親がいつも親切にしていた親戚や近隣に対する思いが，震災後は大きく崩れてしまった。また，かさ上げされた土地は地形が変わり，両親が苦労して建てた自慢の家は痕跡もなくなり，故郷という感じがしなくなったと語る。Ａさんは，両親や両親が愛した家の「喪失」と，故郷やコミュニティの「あいまいな喪失（タイプ2）」という複合的な喪失を経験している。

Ｂさん家族は，義父（祖父）の死による「喪失」と，夫（父親）が行方不明であるという「あいまいな喪失（タイプ1）」の複合的な喪失を経験している。

Boss は，「混沌とした状況に，あいまいな喪失というレンズを付けて見る」という表現をする。本事例は，支援者が介入した事例ではないが，支援に結びつかない事例も多い中，レジリエンスを引き出すのは，コミュニティや家族などの日常にある資源であることも少なくない。そこであいまいな喪失というレンズを付けて，Ａさん，Ｂさん

のレジリエンスについて考察する。

Ａさんは，「ここに住んでいれば津波が来ることはみんなが知っている，それでもそこに住んでいる，覚悟と諦めは必要なんですよ」と語る。自然にあらがうことができない，自然に合わせて生きてきた人生のコントロール感が震災前からの暮らしの中に備わっていたように感じる。また，Ａさんは，両親を見捨てた故郷が嫌いと言いつつ，故郷のことを思う。このような両価的な感情に対して，「これはこれ，それはそれ」とうまく切り分ける。まさに「Ａでもあり，Ｂでもあり」という弁証法的な考え方である。また，文化財保全に努め，まちの復興に魂を込める。これはＡさんなりの故郷に対する新しい愛着の形であり，未来への希望の見出し方ではないかと考える。

Ｂさんは，行方不明の夫への複雑な思いと，子どもたちをたった一人で育てていかないといけないという現実がのしかかり，混沌とした状態であった。しかし，困っている状況にあいまいな喪失と名前を付け，問題を外在化することで，自分の気持ちに意味を見つけた。震災後，さまざまな困難を経験しつつ，失ったものだけではなく，得たものへの気づきもあり，子どもたちの成長という未来に向かって，家族がともに進んでいるように見える。夫が行方不明という状況は変わらないが，家族が歩むプロセスには，確かにこのような家族のレジリエンスが垣間見られ，勇気づけられる事例である。

Ⅵ　おわりに

東日本大震災の5年後と10年後に，Ａさん，Ｂさんそれぞれにお話をうかがった。Ａさんは，行方不明の母親に対して，納骨したいという思いを持ちつつ，父親のように傷ついた遺体を見ていないのでありがたいと語っていた。Ａさんなりの折り合いの付け方ではないかと考える。行方不明についてどう考えるのかには個別性があり，家族の中でも異なってくるだろう。また，その土地の文化や風土に左右されることもあり，画一的に

扱えるものではないが，当事者の思いを理解する
うえで，あいまいな喪失理論は，支援者にとって
いろいろな視点を与えてくれる。特に高齢社会で
あり，自然災害の多いわが国において，あいまい
な喪失をもつ人への支援の輪が広がっていけばと
考える。

　あいまいな喪失は終わりのない物語である。15
年後20年後には，またAさん，Bさんの新たな
人生のプロセスがあるだろう。そのプロセスが，
地域や文化の中で尊重されつつ，家族にとって意
味のある人生を歩まれることを願ってやまない。

▶謝辞
　本稿をまとめるにあたりご協力いただいたAさん，B
さんに厚く御礼申し上げる。

▶付記
　あいまいな喪失に関する研究は，科学研究費基盤B
（24330183）「東日本大震災における遺族への心理社会的支
援プロスラムの開発と検証に関する研究」，科学研究費基
盤B（15H03443）「東日本大震災後の喪失悲嘆に対する中
長期の心理社会的支援プログラムの開発と検証」，日本家
族療法学会の助成で実施した。

▶文献

Boss P（1999）Ambiguous Loss : Learning to Live with
Unresolved Grief. Harvard University Press.（南山浩二
訳（2005）「さよなら」のない別れ 別れのない「さよな
ら」．学文社）

Boss P（2006）Loss, Trauma, and Resilience : Therapeutic
Work with Ambiguous Loss. W.W. Norton and
Company.（中島聡美，石井千賀子 監訳（2015）あいま
いな喪失とトラウマからの回復—家族とコミュニティの
レジリエンス．誠信書房）

Boss P（2012）Ambiguous loss : A framework for
psychosocial interventions when family members,
homes, and communities are lost（2012年12月3日仙
台ワークショップ資料［https://al.jdgs.jp/wp-content/
uploads/sendai_workshop_re..pdf］）

中島聡美（2019）あいまいな喪失と悲嘆の概念と理論.
In：黒川雅代子, 石井千賀子, 中島聡美, 瀬藤乃理子 編著：
あいまいな喪失と家族のレジリエンス—災害支援の新し
いアプローチ．誠信書房.

［特集］喪失・悲嘆——存在と不在の「あいだ」で回復を求めて

子どもの対象喪失

分離・愛着・物語

森 省二　Seiji Mori

粟津神経サナトリウム理事

Ⅰ　対象関係の始まり

　対象の獲得がなければ喪失はなく，出会いと別れとも言える。対象は最初に出会う母親（以下，代理も含む）のような人物だけでなく，幼少期になれば昆虫や愛玩動物，愛用の縫いぐるみやグローブなどの持ち物，学校といった場所も含まれる。

　まずは段階的に見ていくと，生まれて直ぐは母親の胎内の延長線上で自己と他者の識別がつかないが，母親との授乳関係が対象の刷り込みのプロセスとなる。Klein M は母親の乳房と子どもの口唇の部分的な関係を指摘する。いわゆる「良いおっぱい・悪いおっぱい」論で，子どもが空腹のときに差し出された乳房は良いおっぱい，その母親は良い母親とイメージされ，逆に満腹のときに差し出された乳房は悪いおっぱい，悪い母親とイメージされる。部分が全体となるポジティブ方向と逆のネガティブ方向は後に周辺の人間関係を色づけていくことになる。生後２～５カ月になると空腹や苦痛などが自分の外部から来るか内部から生じるかの区別がつくようになって，母親を愛着対象として特定するようになる。

　生後３カ月頃の微笑み反応と手差し延べ動作は対象の動きやあやしなどへの反応で，次の生後 7,

8 カ月頃には目や口，手で周囲を探るようになり，親しい対象とそうでない対象を識別する「人見知り」が現れ，親しい対象が目の前からいなくなると不安になって泣くようになる。

　こうして母子間の愛着は形成され，１歳頃になると這いずり歩き母親を離れて近くを徘徊して探索するようになるが，終わると元へ戻り，母親を安全基地のように思う。さらに少しずつ言葉を喋るようになり，鏡に映る自分の像を不思議がりながらも受け入れていく。これを Lacan J は「鏡像段階（スタッド・ドゥ・ミロワール）」と名づけて，自己の全体像を把握していく発達のサインとした。

　この頃はまた，毛布やタオルの端，小さな縫いぐるみなどの感触のよいものに愛着を示す。これを Winnicott DW は愛着対象から離れる過程で求められる「移行対象（トランジショナル・オブジェクト）」と呼んだ。しかし子どもが取り込む母親イメージが不安定であり，安心できる確かな愛着ができないと Bowlby J の言う「愛着障害（アタッチメント・ディスオーダーズ）」となる。

　次の生後１歳半～２歳のヨチヨチ歩きの時期になると，子どもは母親から離れて自由に動きたい気持ちと母親と密な関係に戻りたい気持ちの拮抗する両価的な分離不安を抱き，離れた母親がなかなか戻らないと母親に見捨てられると心配して纏

わりつき，しがみつこうとする。ここで無理やり引き裂かれたりすると泣き声が叫び声に変わり，眠れなくなり食欲が落ちて体重が減る。指しゃぶりやオナニーが増え，凍ったような無表情になる。この現象を Spitz R は「依存的抑うつ(アナクリテイク)」と呼んだ。また後に Masterson J は「見捨てられ抑うつ(アバンドンメント)」として境界型パーソナリティ障害の中心病理と考えた。

こうした繰り返す経験の中で生後2〜3歳になると，子どもは自己と対象の自我境界ができあがり，母親がまた戻ってくるという確かさ（対象恒常性）を獲得する（内在化）。そして情緒的に安定した笑顔となり，しばらくの間は母親がいなくても一人でいられるようになる。この分離し個別化へと向かう力を Winnicott DW は「一人でいられる力(キヤパシテイ・ツー・ビイ・アローン)」と呼び，次第に他の子どもたちとのびのびと遊べるようになる。

II　子ども時代の喪失体験

1　幼児の喪失不安と適応障害

幼児期になると公園デビューや入園があるが，なかには母親から離れるのを渋る子どもも現れる。ある4歳の女児は，幼稚園バスが迎えに来て保育士が乗せようとしても母親の後ろに隠れて離れようとしない。「分離不安・適応不全」として心理治療が始まると，賢い女児は「こころボロボロ」と涙を零し，「私が傍にいないと，おかあさんが困るから」と訴えた。その頃，両親は不仲で離婚寸前の状態であり，女児は自分が幼稚園に行っている間に母親がいなくなってしまうのではないかという喪失不安に陥っていたのである。

2　腕白の背景——小説『坊っちゃん』

きょうだい間や友達との喧嘩や仲たがいも対象喪失のプチ体験。そうするなかで子どもは自立性を高めて「自分でやる」と親の世話を拒んだり，そっぽを向いたりする反抗期になる。反抗すれば親は厄介だが，これは愛着をベースとした分離行動であり，逆に反抗しない方が後に自己同一性(アイデンテイテイ)の

獲得が問題となる。

夏目漱石の小説『坊っちゃん』で，主人公は東京の物理学校を卒業した後，四国の松山中学に赴任して正義感あふれる武勇伝をくり広げるが，彼の幼少期といえば2階から飛び降りて腰を抜かしたり，煽られてナイフで自分の親指を切るといった侠気に加えて，友達を垣根から突き落としたりと乱暴をする。こんな腕白な坊っちゃんの育ちを見ると，「親父は些とも俺を可愛がってくれなかった。母は兄ばかりを贔屓にしていた」と，彼は両親の愛情に恵まれていない。小学生のときに台所で宙返りをして肋骨を折り，病床の母親に「御前の様な者の顔は見たくない」と怒られた数日後に母親が早逝する。兄から「親不孝だ」と罵られて腹が立ち兄の頬を段ると，今度は父親に叱られるという具合である。

ところが下女の清は「真っ直ぐぐで，よい御気性です」と褒め，やがて偉くなって自分を雇ってくれると信じ切っている。一途な清の愛情はピグマリオン効果。坊ちゃんの心を支えて後に教師への道を開いたのである。

世間には「親はなくても子は育つ」という俚言があるが，それは代理をする人があってこその話。坊ちゃんには清がいた。周囲の相応に代理する愛情がある限りにおいて喪失は成長の糧である。

3　遊び・冒険と対象喪失——映画「スタンド・バイ・ミー」

知らない箱の蓋を開けてみたり，見知らぬ道を通り森へと探り入るような試みを重ねる中で，子どもは対象の価値や善悪を肌で感じながら第二反抗期に入る。映画「スタンド・バイ・ミー」は12歳の不良仲間少年4人が鉄道事故で亡くなった死体を見つけに線路沿いに歩いて冒険をする物語である。少年たちは死体の発見者として英雄になりたい野心があり，ピストルを振りかざして年上の悪グループを追い返す。その場面で「お前もけっこうでかい肝っ玉してらぁ」「自分でも新発見だよ」「だろうな」といった会話を交わす。たっ

た2日間の冒険なのに，自分たちの住む田舎町が前よりも小さく見知らぬ町に見えるほど彼らは大人へと成長するのだった。

4　転校という出会いと別れ——童話『風の又三郎』

子ども時代は親の仕事や家庭の事情で転居し，仲良しやクラスメートと別れることはよくある。ある少年は小学3年生のとき，都会から田舎の学校に転校してクラスに馴染めなかった。よそ者の排他は歴然でいじめは平然とあったが何とか通学していた。そんなとき少年より少し前に転校していた少女が数人に取り囲まれ，泣きながら土下座させられ詫びている場面に出会った。その姿を見た少年は輪に割って入り少女を救い出した。ちょっとしたヒロイズム。その後しばらく二人は一緒に通学した。友達のいない寂しさを共有し合っていたが，少女はまた数カ月後，送別会を開く暇もなく転校して行ってしまった。少年は悲しかったがその地で高校卒業まで暮らした。同窓会名簿に彼女の名前はなく消息不明である。

宮沢賢治の『風の又三郎』は高田三郎が転校してきて分教場の子どもたちと交わり立ち去る話である。9月1日，5年生の三郎が町から転校してきた。身なりも言葉遣いも違っている。村の子どもたちは戸惑いながらも一緒に野良遊びをして三郎を受け入れようとするが，三郎がガラスのマントを着て空を飛ぶ姿を見て風神の子又三郎ではないかと怪しみ疎外する。不思議な事件が立て続けに起こり，9月12日，台風の襲来とともに三郎は別れも告げずに転校していってしまう。子どもたちは三郎を通して伝説の超自然，異次元の世界を垣間見て精神的に一回り大きくなる。異質との突然の出会いと別れは「台風一過」といえるだろうか。

5　愛玩動物の喪失——絵本『ずーっと ずっと だいすきだよ』と童話『小鹿物語』

昔は家畜だったが，少子化の現代は愛玩動物を家族の一員のように飼う家庭が増えている。しかし犬や猫の寿命は15年くらい，人間の数分の一と短い。夏休みに捕まえたカブト虫やお祭りですくってきた金魚は期待を裏切りほどなく死んでしまい，庭に小さな墓を立てたりする。最近は愛玩動物の葬式や墓地もある。

Hans Wilhelm の『ずーっと ずっと だいすきだよ』（ウィルヘルム，1988）は大切に飼っていた愛犬が死ぬ絵本である。飼い犬エルフィは少年とともに大きくなったが，エルフィの方が早く育ち年老い衰えていった。ある朝，エルフィは死んでいた。家族みんなが悲しんだが，少年はいつも「ずーっと ずっと だいすきだよ」と言ってきたので気持ちは楽だった。隣の子が代わりに子犬をくれると言ったが，少年は「いらない」と答えた。またいつか新しい動物を飼う日がくるだろうけれど，そのときでも毎晩同じように言ってやると，少年は心に決めるのだった。

対象喪失の辛さを乗り越えるのは無理に忘却することではない。「ずーっと ずっと だいすきだよ」と言ってきた真心があり，その柔軟性が回復力（レジリエンス）であり，現実感を取り戻していくのである。

Rawlings MK の『小鹿物語』は，ジョディ少年の可愛がって育てた小鹿のフラッグが大きくなって畑の作物を荒らすようになり，開拓農家には死活問題で，泣く泣く少年は自分でフラッグを撃ち殺す話である。その後，少年は悲しみと罪の意識からカヌーで家出して難破するが，大型船に助けられて家に戻り大人の心へと一歩成長するのだった。カヌーから大型船への移行は象徴的である。

6　子どもと死——映画「禁じられた遊び」と童話『マッチ売りの少女』『フランダースの犬』

ごっこ遊びは子どもの発達に重要な模倣である。たとえばままごと遊びは家庭の写し絵だし，鬼ごっこやかくれんぼはプチ別れと出会いの体験であり，鬼と隠れた友達は見つける・見つかるという信頼関係があってこその遊びである。往年の名画「禁じられた遊び」は，戦争で両親と愛犬を

亡くした5歳の女児ポーレットが農家の11歳の少年ミッシェルと出会い，一緒に動物を殺しては十字架を立てて遊ぶ物語である。戦争は否応なく愛情対象を奪う。現代でも世界中のどこかで戦争があり戦火を逃げる難民がいる。事故や事件も同じだろう。最愛の人の死を受容するには幼い子どもでもそれなりの儀式と時間を必要とすることを物語っている。

対象喪失から起こる悲哀と償いのプロセスをFreud Sは「喪の仕事（モーニング・ワーク）」と概念化している。この十字架遊びに象徴されるように心の整理作業（ワーク）が不十分だと，煙突が詰まって燻る（くすぶ）かのように抑うつ症状や不眠，頭痛，食欲不振といった心身症状となって現れるのである。

身内の死は喪失感が深い。そんな悲しみの極みはAndersenの『マッチ売りの少女』ではないだろうか。雪が降り底冷えのするクリスマスの夜に，少女はマッチを売りに街に出る。窓からは楽しそうに食卓を囲む家族が見える。マッチは一本も売れず，寒さからマッチを擦り尽くして凍え死んでしまう。最愛の祖母を亡くしてこの世に誰ひとり助ける身寄りがいないのが悲しい。

ところでマッチ売りの少女はうつ病だろうか。叶うものが何もなく死に至るプロセスは切なく抑うつ的である。しかし思考や行動の抑制，罪責感や自嘲感といった主症状は明らかではなく，対象喪失の純粋な悲哀である。Freud Sは「悲哀とメランコリー」のなかで，両者の状態像は類似し，両者とも生活上の影響を受けて発症するが本質的には違い，メランコリー（うつ病）は心因的というより身体的な面の大きい病気としている。

Ouidaの『フランダースの犬』のネロ少年も，同じようにクリスマスの朝，教会のルーベンスの聖画の前で凍え死んでしまう。彼も最愛の家族をすべて失い孤立無援，美術展で一等賞を目指して頑張るけれど落選して力尽きる。享年15歳。絶望感があり，愛犬パトラシエを強く思いやり，死に場所も教会と選んでいる。同じ生命の燃え尽き（バーンド・アウト）でもマッチ売りの少女よりはうつ病に近い。

7　ほどほどの悲しみ──絵本『この手のひらほどの倖せ』

不思議だが泣いて泣き疲れて涙が枯れると微笑に変わるし，笑って笑い過ぎると涙が滲む。単なる生理現象なのだろうか。歌手の布施明が『この手のひらほどの倖せ』（布施, 2007）という童話を著している。母が死んで出稼ぎに出た父は行方不明，祖父のもとで育てられていた6歳と4歳の兄弟はその祖父も死んで仕方なく養護施設に預けられる。施設の暮らしが辛く祖父の幻影を見て施設を逃げ出すが，ひもじさから柿を盗み捕まってしまう。事情を知った農家の主が大きな柿とにぎり飯をくれ，二人は両手にそれを持って結局は施設に戻るという話である。

兄弟は大きな柿とにぎり飯を小さな手に持つと両手がふさがって手をつないで歩けないし，頬に落ちる涙を拭くこともできない。そこで「片手に持てる程度の」という慎ましさの悟りとなって前に進む。物よりも人と人との結びつき，悲しみの涙を拭くその力の方が大切なのである。

＊

対象関係の始まりと，懐かしいが今もあり，たぶんIT社会になっても本質は変わらないだろう子どもの情景に注目した。育ちの中で喪失を重ねながら対処の術を会得して悲しみを乗り越える強さや柔軟性は育つのだろう。育ちの中の喪失は元の状態に戻ることが獲得ではない。変化し一回り大きくなっての獲得である。

▶引用文献

布施明（2007）この手のひらほどの倖せ. 文藝春秋社.
ハンス・ウィルヘルム［久山太市 訳］（1988）ずーっと ずっと だいすきだよ. 評論社.

▶参考文献

森省二（1993）別れの深層心理. 講談社.
森省二（1995）子どもの悲しみの世界. 筑摩書房.
森省二（2015）絵本・童話・児童文学に見る別れ. 児童心理 69-2；204-210.
［注：著名で定番となっているFreud S，夏目漱石，Andersen，宮沢賢治などは出典を省略した］

[特集] 喪失・悲嘆——存在と不在の「あいだ」で回復を求めて

語りえない悲しみを支える

医療現場における子どもの死をめぐって

出﨑 躍 Yaku Desaki

淀川キリスト教病院

I　はじめに

現代の高度化した医療により多くの命が救われるようになったが，可能なかぎりの治療を行ってもなお，死の転帰をたどる患者は存在する。そのなかで，幼い子どもが亡くなることもまれではない。救急室や院外から緊急搬送されて，心肺機能が回復せずそのまま最期を迎えるケースや，致死的な疾患が出生前に診断されている状況で，看取りの医療に移行していくケースなどさまざまである。

死別はどんな形をとっても心痛む出来事である。それがわが子を喪う事態であれば，遺された親はなおさらその不条理に苦しみ，生きる意味そのものを見失う契機となりうる。一方で医療者の側も，自分にできたかもしれないことを考えて後悔の念に駆られたり，訳もなく涙が溢れて仕事に集中できなくなるなど，やはり深刻な影響を受けることがある。

年齢や立場を問わず，愛する人の死が耐えがたいとすれば，悲しみを抱えつつ再生に向けて取り組んでいくことは容易ならざる課題となる。しかしながら今日の社会は，傷ついた者が疎外されてしまうような構造になっており，その人固有の悲しみをありのまま受け容れる余白が非常に限られている。若林（2000）の述べるように，死別後の精神的な不安定さが，自分だけの苦しみにとどまらず，しばしば周囲との人間関係を断ち切ることにもなり，そのことでいっそう孤立感が増幅される。傷つきながら誰にも心境を明かせないという，心理社会的な断絶状態に陥っていくことは，健康状態の悪化，バーンアウト，自殺念慮の増大につながる危険性を孕んでいる。だからこそ社会のなかで，悲痛な経験を分かち合う場や関係を構築することの必要性が生じてくる。

II　遺された親が抱える悲しみの諸相

1　社会生活における孤独の苦しみ

一口に死別の悲嘆といってもその表れは幅広く多様で，他者との比較にはなじまない。親の悲しみは，亡き子を愛する心情と分かちがたく結びついており，ともに生きた時間の深い共有関係があればこそのものである。その子どもがどういう存在であったか，互いにどういう関係性であったかという両者のつながりのありようが，個々の親の嘆きや悲痛を特徴づけている。

しかし，今日の社会には，この素朴な事実を受け止めるような寛容さがもはや失われつつあり，

悲嘆を精神的な弱さや病理と結びつけるような見方さえ生じてきている。死別の悲しみを早く乗り越えること，過去にとらわれないことがよしとされる風潮のなかでは，複雑な胸のうちを見透かされないよう日常生活に適応しなければならない。情動のままに自分を表してしまうと，その熱が場の空気を一変させることを知っているために，人目の届かないところでひそかに苦悶するよりほかないのである。

　場合によっては，世間からの疑念や偏見にさらされることを恐れて，子どもが亡くなったという事実すら語ることができなくなってしまう。子どもの死を引き起こした原因事象がいかなるものであっても，多くの親は，子どもを助けられなかった自分，異変に気づけなかった自分を思い知らされ，自責の念に苦しんでいる。そのうえ他者からも心無いまなざしを浴びせられることは，傷をえぐられるような体験に等しい。社会生活を送るなかで，いつか子どもの死を知られるかもしれないという緊張感に耐えられなくなれば，人との接触を避けるようになってしまうのも当然の帰結といえるだろう。

2　喪失がもたらす夫婦関係への影響

　いうまでもなく両親とも精神的に多大な負担がかかっているが，悲嘆への向き合い方にはそれぞれで違いが見られる。比較的父親の方が，未練や弱みを含む素直な感情を他者に吐露しにくいものである。父親は悲しみにくれる母親に配慮しつつ，自分が崩れてしまっては生活が立ち行かなくなるという考えから，自分の感情を抑えることで家族の機能を保とうとする。そして，いつの間にか自分ですら語ることのできない心の深い場所に，いろいろな思いが押し込められてしまうことになりやすい。

　このような父親の姿は，母親側から見ると，子どもの死に対して無関心であるように映ってしまう場合がある。家のなかの沈んだ雰囲気を活気づけるために，父親がことさら明るく振る舞ってい

ると，それがかえって母親の不信感を募らせていくということもあるだろう。子どもとの死別後，夫婦間の絆がいっそう強まっていくこともあるが，それとは逆に，思いのすれ違いから溝が深まり，関係が上手くいかなくなるということが実は少なくない。

3　周産期喪失の特殊性

　流産，死産，新生児死亡などの形で周産期に子どもを亡くす場合，親子としての出会いの実感をかみしめる間もなく別れのときが訪れる。そのため，子どもとの思い出が非常に少なくなるだけでなく，実際子どもと対面できるのが一部の家族と医療者に限られ，社会的にも存在の証が残らないということになる。

　子どもを見ていない，あるいは子どもの存在すら知らなかったという他者が，親の悲しみを本当に理解していくことは難しい。「次の子に期待しよう」「神様に召される運命だったに違いない」というような，まるでその子の存在を抹消するような慰めの言葉が口にされやすいのは，こうした事情によるところが大きい。惻隠の情が失われつつある社会において，子どもは小さいほどひそかに亡くなっていくのである。苦しんでいるだけでなく，それが他者の目にもほとんど映らないことにより，助けを求めることさえ厳しい状況に置かれてしまうというのが，まさに Doka（2002）の指摘する「公認されない悲嘆（disenfranchised grief）」に他ならない。

III　医療者の語り出せない悲しみ

　子どもを喪った両親や他の家族が深い悲しみを背負うように，医療者の心にも，悲痛な思いや苦悩が残されることを認識しなければならない。亡くなった子の担当経験があるスタッフはとくに，不安やさまざまな感情にとらわれ，悄然となって悲嘆に苦しみ続けることがある。そして，同じ体験をした者同士であっても，同僚のスタッフには自分のつらさを表出しにくいと感じていることが

少なくない。では，なぜ医療者間で悲しみを分かち合おうとする態度や人間関係が生まれにくいのか。それには，医療ならではの組織風土や価値観のあり方が大きく影響している。

　ひとつは，患者の死の切実さやそれにまつわる悲しみを，日々の忙しさのなかで見ないようにしてしまうということがある。医療者の置かれている労働環境は過酷なものであり，患者の死を看取った後まもなく，次々と決められた業務をこなさなければならない。感傷に浸ったり家族のことを気遣ったりする前に，他患への対応やベッドコントロールのことを考えねばならず，死は「ありふれた出来事」としてはじき出されてしまう。このような多忙をきわめる現場ゆえに，個人の心情にいちいち構っていられないという雰囲気がおのずと醸成される。そして，悲嘆のさなかにいるスタッフも，自分のつらさを訴えることで集団の秩序を乱してしまう懸念があるため，悲嘆に閉じ込められ孤立していくのである。

　もうひとつは，悲嘆に翻弄されていては，必要な職務を全うできないということがある。医療者は，患者ファーストであることを周囲から期待されており，感情を揺さぶられて冷静な判断ができなかったり，対処できなくなったりするような事態に陥ることはあってはならないとされる（永田，2020）。そのため，自らの気持ちに蓋をしたり，弱さを見せないように違う感情を装ったりして，悲しみを隠蔽せざるを得ないのである。

Ⅳ　グリーフケアに携わる専門家としての心得

1　スピリチュアルペインという視点

　愛する人の喪失を語り直すとき，遺された者は「なぜ」と問わずにはいられない。「なぜ，こんなに苦しまなければならないのか」「なぜ，この人に限って死ななければならなかったのか」「一切の希望だった人を喪って何のために生きるのか」と。これらは，不可避な苦難のなかで人生の意味を求める問いであり，それまで自分がよりどころとしていた信念体系が崩壊していくときに表出さ

れるものである。このように，生きる意味そのものに直結した問いの形であらわれてくるもの，また自己存在を根幹から揺るがすような苦しみを，スピリチュアルペインという。

　しかしながら，本来スピリチュアルペインは，我々が考えているよりずっと近くにある。誰もが一度は自己を見つめ直したり，人生について悩んだりするように，スピリチュアルペインとは普遍的な苦しみであり，人間存在あるいは生の営み自体に包摂されているものだといえる。深い苦しみの自覚はなくとも（あるいは心身の不調が，肉体を通じてのスピリチュアルペインの顕現を阻害することはあっても），普段から潜在しており，人生上の危機といえる厳しい局面に見舞われたときほど，窮まった形で経験されるのである。

　では，なぜ「スピリチュアル」という語で表現されるのか。それを知るためには，前提となるスピリチュアリティに関する理解が欠かせない。そこで，スピリチュアルケアの実践という文脈においてこの語を用いている，藤井（2010）の論述に焦点を当て，スピリチュアリティの理解について提示する。

　藤井は，スピリチュアリティについて，「どのような状態にあっても自分の存在をよしとできる，生きることに根拠を与える根源的領域」とし，「その根拠は，人との関係性だけでなく人間を超える関係性によって見いだすことができる」としている。さらに，「宗教そのものが生きる意味，苦しみの意味，生命のあり方を根本的な課題とし，人が信仰によってその意味を見出している」ことに着目し，スピリチュアリティを「宗教性を含んだより大きな概念」だと主張している。これらを踏まえると，生きる意味の喪失というだけでなく，それを支える，人間を超えたものや他者との有機的なつながりをも見失った状態にあるときの苦しみが，スピリチュアルペインということになる。そして，身体的・心理的・社会的な苦痛のように，その原因を取り除くことで解消されるような苦しみとは本質的に異なるものだといえよう。

2　自己物語の再構成という試み

　愛する人の死は，単に肉体の終焉にとどまらず，自分という存在を規定するその人との関係性を失うこと，当たり前にあると信じていたその人との将来の時間を失うことをも意味する。そのような状況で，遺された者は，重大な喪失によって崩されてしまった，自分の「生きる意味」の枠組みを改めて築き上げる作業に取り組まざるを得なくなる。言い換えれば，自分は誰かのために必要とされているか，自分固有の生きていく目標は何か，人生は生きるに値するものなのかといった，自伝的な自己物語の再構成という大きな課題に乗り出すことになる。

　悲しみとともに生きるあり方を見出していくためには，自分の想いをそのまま受け止め，理解しようとしてくれる誰かの存在が必要である。ただ孤独に悶々としているだけでは，どうにもならない苦しみに自分が呑み込まれた状態のままだが，経験の核にある「切実さ」や「耐えがたい状態」を他者に分かってもらえるように語るその行為が，内面の外在化となる。つまり，混沌とした内面を自己からいったん切り離し，一筋の脈絡をつけて捉え直していく協同作業と捉えることができる。そして何より，語ることを通じて他者とのつながりが明確に意識され，「ともにある」という感覚に包まれたときに肩の荷を下ろすことができる。語り（ナラティブ）を分かち合う機会をもつことが，グリーフケア実践において重要なのは，このようなことと関わっている。

3　生活者としての営みを支える

　前節で述べたような心の作業を援助するだけでなく，死別をきっかけに，日常生活に支障をきたすようになった状態の改善や解消を図ることもまた，グリーフケアには含まれてくる。死別がきっかけで，心身の健康に有害な影響を受けていたり，職場での人間関係や仕事上の問題，あるいは法律的な問題を抱えていたりと，日常生活上の困難やストレスに関する訴えに終始することもある。そ

のような場合には，適切な専門機関を紹介して連携をとることが重要になってくる。予防医学的な観点から，複雑性悲嘆を含む何らかの精神疾患に陥るリスクがあるかどうかという点について，注意深い観察・評価が求められるところである。

　ちなみに筆者の勤務する施設では，精神神経科内に「グリーフケア外来」という専門外来を開設しており，死別体験者であれば誰でも申し込み可能な形で相談援助を行っている。そこでは心理職がオーガナイザーを務め，個々人のニーズや死別背景などに配慮した柔軟な関わりを展開している。申し込み者本人への臨床心理面接が対応の基本となるが，必要に応じて，精神科医による投薬などの専門的治療や，プライマリケアに関する付添者への心理教育を追加したプログラムを組んでいる。また希望があれば，当外来と連携している地域の自助グループや，チャプレン（病院付牧師）主催の相談室を紹介することもある。

V　遺族会について

1　遺族会の意義

　遺族会は，子どもを亡くした家族と医療者が死別の悲しみを共有し，支え合うことを目的とした活動である。近年，新生児・小児医療の領域では，子どもの死を経験した家族に対するグリーフケアのあり方が重要な関心事となっており，遺族会を開催する施設が増えてきている。

　親にとって医療者は，わが子のいのちの輝きを証する特別な存在である。子どもの生を尊いものとして受け止める医療者との間で，死別の悲しみや苦しみ，当時の思い出などを分かち合う体験は，親が悲しみとともに生きる方向へと歩み出していくための一助になる。また，「同じ死別を経験した人の話を聞いてみたい」という親は，他の家族との交流を通じて，「自分だけが特別ではない」と思えるかもしれない。さらに，日常生活のなかで打ち明けられない思いを自由に語ることは，感情の発散（カタルシス）につながり，心理的な苦痛やわだかまりを軽減させる効果がある。

これらの意義は，参加する医療者にとっても同じである。職業上期待される姿にそぐわない感情を表出しても，普通のこととして受け止めてもらえる体験によって，あるがままの自分を認めることができるようになる。そして，素直な自己のありように気づくことは，実は自分以外の他者も味わっている悲しみや苦しみを理解することにつながっていく。

2　遺族と医療者のための分かち合いの会

互いに向き合う参加者同士が，亡き人への想いや現在の生活などに関する話題を自由に語り，聴き，頷き合いながら，喜びも悲しみも共有することを「分かち合い」と呼ぶ。分かち合いは，遺族会の開催意義ともいえる中核的なケア実践である。だからこそ，このセッションを現存のスタッフの力でどう成立させるか，誰がファシリテーター役を務めるのかという課題に悩まされ，遺族会の立ち上げに踏み切れない施設もあると思われる。

ファシリテーターを務める上で最低限知っておきたいことを，筆者の経験から次に述べてみたい。

3　ファシリテーターに求められる役割

分かち合いの場が厳粛な約束事によって規定されているからこそ，参加者はありのままの想いを語り，内省を深めることが可能になる。一般的には，表に示した約束事に基づき，分かち合いを進行することになる。参加者はさまざまな話題に反応し，自由に発言するが，そのようななかでも場の秩序が保たれるように，ルールを体現実行するのがファシリテーターの務めといえる。

ファシリテーターは話題の進行とともに，グループ全体や個々人にどのような感情体験が生じているかをつぶさに観察し，ときにグループ全体に投げかけ，皆で理解を深めていくようにする。その方法として，たとえば参加者の語りのなかのある部分を掘り下げたいと感じたときは，「もう少し○○についてお話しくださいますか」「この

表　分かち合いにおける約束事

- 個人の秘密を厳守し，会全体のなかで知り得たことは口外しないようにすること
- この場を活用し，自分の心のままを正直に話すこと
- ただし，言葉にしがたい思いのときや話したくないときは，無理に話さなくてもよいこと
- 人それぞれで体験は異なるため，悲しみの比べ合いには注意すること
- 相手が話しているときは，遮らないで最後まで耳を傾けること
- 相手への批判や個人情報を詮索するような質問は慎むこと
- 途中でつらくなったら，自由に退席してもよいこと

点について，皆さんはいかがでしょうか」と投げかけることがある。

また，参加者が自分の思いを整理しきれず言葉に詰まっているとき，ファシリテーターが理解した部分を，「～ということですね」と要約・明確化して返すようにすると，その人の表出を後押しする効果が期待できる。とりとめのない語りになっても自分の思いを言語化することが，他の参加者からのフィードバックを引き出すことになり，ひいては自己理解や悲しみへの向き合い方を考えるきっかけになる，という体験につながるよう働きかけることが望まれる。

VI　おわりに

人間は誰しも必ず死を迎える。つまり，死に向かって日々生きているわけであり，そう考えると，死別は誰もが向き合わざるを得ない厳粛な事実といえる。したがって，死別による悲しみや苦しみの経験に対峙するとき，まず「私」個人として，いのちをどのように捉えるのか，生きる意味を見失った人の前にどのように立つのかという死生観，宗教観から考えようとする態度が求められる。

グリーフケアの担い手としては，いかに苦痛を取り除けるかという視点に拘泥しすぎず，むしろ，容易に克服することができない事態をそのままに

引き受けることを学び取っていくプロセスが必要
になる（島薗，2015）。専門家である自分も，眼
前の人と同じ苦悩を抱え得るという「弱さ」を引
き受けながら，なおその人の孤立から目を離さな
いというあり方が，まさに問われているのではな
いだろうか。

▶文献

Doka KJ（2002）Disenfranchised Grief : New Directions, Challenges, and Strategies for Practice. Research Press.

藤井美和（2010）生命倫理とスピリチュアリティ─死生学の視点から．In：窪寺俊之，大村英昭ほか 編：生命倫理における宗教とスピリチュアリティ．晃洋書房，pp.1-28.

永田雅子（2020）周産期スタッフのメンタルケア．ペリネイタルケア 39-9 ; 66-69.

島薗進（2015）スピリチュアルケアの役割とレジリエンス．精神神経学雑誌 117-8 ; 613-620.

若林一美（2000）セルフヘルプ・グループの果たす今日的意味について─「ちいさな風の会」（子どもを亡くした親の会）の実践を中心に．日本保健医療行動科学学会年報 15 ; 86-94.

若松英輔（2012）死者との対話．トランスビュー．

若松英輔（2021）「生きがい」と出会うために─神谷美恵子のいのちの哲学．NHK 出版．

柳田邦男（1999）犠牲─わが息子・脳死の 11 日．文藝春秋．

[特集] 喪失・悲嘆——存在と不在の「あいだ」で回復を求めて

人生航路の舵を切る

いじめ・不登校・転校

奥野 光 Hikaru Okuno

二松学舎大学学生相談室

I　はじめに

　筆者の実践の場である学生相談室は，大学生の豊かな学びと成長を支援するために学内に設置されている相談機関である。在学生であれば誰でも，どんな相談内容でも利用できるという相談機関としての敷居の低さがあり，授業の空き時間を活用して来談できるようになることから，多くの学生に利用されている。

　学生相談室では，いじめや不登校，普通高校から通信制その他の学校への転校を経験した多くの学生に出会う。それが相談の中心である場合もあり，現在の学生生活に影を落としているものとして語られる場合もあるが，学生たちはその経験をさまざまに表現してくれる。

　今回，いじめ，不登校，転校と，そのような経験を経て進学してきた大学生の支援を喪失や悲嘆との関連で考えるというテーマをいただいた。実は，学生がそれを喪失として語ることは筆者の経験上あまりないため，学生自身の経験から遠い議論にならないように気を付けながらこのテーマに取り組んでみたい。また，いじめ，不登校，転校の経験を喪失と捉えることによって，そこに喪失以外のさまざまな意味を本人が与えていけるよう

な支援について論じてみたい。

　本稿ではまず2人の大学生のストーリーを紹介し，いじめ，不登校，転校の問題を喪失という観点から考える。そして，その後を生きていくための支援として，困難な過去との関わり直しとアイデンティティの再構成について述べたい。

II　いじめ，不登校，転校を経験した大学生の ストーリー

1　瑞季さん

　大学1年生の瑞季さんは小学校高学年の頃からいじめを受けていた。部活動で集団から無視され「菌がつく」と避けられた。親が気づいて教員に相談し，いじめは一時期改善したものの，かえって陰湿化してしまった。誰もが顔見知りの小さな地域でもあり，学校中，地域中で瑞季さんはいじめられていると知られていた。関わろうとしてくれる子もいたが，自分と一緒にいたらその子がいじめられるのではないかと思い近づけなかった。小学校の同級生のほとんどが通う中学校では瑞季さんの立ち位置が変わることはなく，陰口や，物を隠され壊されることが続いた。教員に相談したこともあったが踏み込んだ対応はなされず，瑞季さんは，親を心配させたくない気持ちで休まず通

学し続けた。

　瑞季さんは同級生がほとんどいない高校に進学し，やっといじめから解放された。死にたい気持ちは消えずスクールカウンセラーに相談しながらの高校生活となったが，初めて友人ができた。その後，瑞季さんは地元からさらに離れた大学に進学した。地元を離れると気持ちが楽になったものの，家族の用事のために一度帰省することを決めた頃からいじめを受けていた当時のことが蘇って眠れなくなり，学生相談室に相談を申し込んだ。

　学生相談室では，瑞季さんが長年の辛い経験を経て，いじめや陰口のない平和な生活にたどり着くまで頑張ってきたことを労った。その上で，なぜこの大学を選んだのだろう，どうやって学校生活を生き延びてきたのだろう，どんなことが辛くどんな存在が支えになっていたのだろう，そこからどんなことを考え学びとったのだろう，といった問いを渡していった。「負けず嫌い」な自分や，悪口や陰口に関わらないことを信条にするようになった自分，支えてくれた母親を悲しませたくないという気持ちでずっと頑張ってこられた自分に出会うなかで瑞季さんは落ち着きを取り戻し，相談の話題は次第に大学生活のことに移り変わっていった。

2　優志さん

　普通高校での生活と，それがどのようにして立ち行かなくなり不登校の末に転校を決意したかについて，優志さんは多くを語らなかった。不登校と転校は，優志さんにとって普通の道筋を外れたことを意味し，その先の人生を見えなくさせるものだった。そうする他なかったと思いつつも，普通高校で頑張るべきだったのではないか，自分を楽なところに置いて可能性を閉ざしてしまっただけではないか，という答えのない問いを抱えてしまった。人付き合いにも学業にも自信を失っていた優志さんにとって，数年ぶりに毎日通学して集団のなかで学ぶ大学生活はストレスで，必死に頑張らないと続けていけないと感じるほど苦しいも

のだった。

　学生相談室での話題は，日々物事にどう取り組み，出来事をどう考えるかを語るものだった。他人との比較，これまでの道のりの否定，将来への不安と常に隣り合わせだったが，優志さんは自分の感覚を頼りにし，自分が何をどう考えていくか，自分にどんな経験をさせ，自分の方向をどう定めるか，ということに常に焦点を当てていた。優志さんの大学生活は相談での会話と同様に「試行錯誤」や「仮説検証」という表現がしっくりくるものになっていき，大学生の後半になるとアルバイトを始め，好きなスポーツの観戦や運転から楽しみと多くの気づきを得るようになった。「最後の1年は自分で頑張ってみます」と言って相談には来なくなった。その1年の間にも優志さんは考えを進め，不登校からの転校を経た自分が希望を持って生きていけると示していくことに意味があると考えるようになったことを後に教えてくれた。自分のために前向きな言葉を使うことには慎重な優志さんだったが，大学4年間の自分の変化に「成長」という言葉を与えて卒業していった。

III　それがなければあるはずだった学校生活と その先の未来の喪失

　いじめ，不登校，転校は，ひとつには「それがなければあるはずだった学校生活とその先の未来の喪失」をもたらすものと言える。誰しも入学当初に描いた通りの学校生活を送るわけではない。しかし集団からの無視や排除がなければ，瑞季さんはもっと安心して通学し，友人関係を築き，少なくとも親しくなろうとする同級生を遠ざける必要はなかっただろう。優志さんは，あのとき転校せずに頑張っていたらどうなっていただろうという答えの出ない問いによってこの喪失を表現した。やむをえず転校したことは，当時の優志さんにとって自分への信頼の喪失であり，「普通の」人生や開けていたかもしれない未来の喪失だった。

　いじめ，不登校，転校の経験により，それがな

ければあるはずだった現在，そして未来をその人はおそらく失ってしまった。学校に通い学校で過ごすことの意味やそこで得られる経験は，おそらく異なるものになっただろう。これまで通りの自分ではいられなくなり，周囲との関係は変わってしまっただろう。さらに，漠然とでもあった未来は見えなくなってしまっただろう。しかしそもそも何を失ったのか（何があるはずだったのか）その人自身には分かりようがない。Boss（2000/2005）が提唱した「あいまいな喪失」は，愛する大切な人の喪失のうち，その人の物理的，心理的な存在と不在が一致しない種類の喪失であり，その捉えにくさや悲嘆することの難しさを伝える概念である。個人の喪失を扱うこの概念をここで援用するのは拡大解釈かもしれないが，この概念は，学校生活とその先の未来の喪失の捉えにくさ（つまり何を失ったのか分かりようがない喪失）を理解するヒントとなり，あるはずだったものとは違う生活を生きていく道のりを，ある種の悲嘆のプロセスとして考えさせてくれる。

IV 「自分のことを自分で意味づける立場」の喪失

　いじめ，不登校，転校のもうひとつの問題は，それを経験している人が自分のことを自分で意味づける立場を失いかねないことにある。いじめを受けたり，学校に行けない日々を過ごしたり，やむをえず転校したりすると，その人は大抵そうした事情によって人に知られるようになる。本稿でも本人の経験を勝手に「喪失」と括ろうとしているが，いじめや不登校，不適応に関する専門的な知識や理論によって自分への対応が決められたり，自分ではうまく言葉にできないうちに自分の意図とは異なる理解を周囲が共有したりもするだろう。このような状況に置かれると，自分のことを自分で意味づける立場は保てなくなる。

　瑞季さんは学校や地域にいる限り「いじめられている人」として生きていかなければならなかった。優志さんは「普通高校をドロップアウトした人」になった。集団のなかで何者かに位置づけら

れると，そのアイデンティティが不本意であってもそれ以外の何者かとして生きるのは難しくなる（奥野，2018）。そして，いじめ，不登校，転校が，失敗，挫折，孤立などの文脈でその人のことを物語るようになると，本当はその当時にもっと豊かに広がっていたはずのその人が生きた経験やその人が大切にしていた瞬間は，その人自身からも見失われてしまう。

V いじめ，不登校，転校を経た学生への支援

　いじめ，不登校，転校の問題をこのように捉えると，自分のことを自分で意味づける立場を本人に渡して会話を進めることや，挫折，失敗，孤立とは違う文脈でいじめ，不登校，転校の経験と再び出会い，過去と関わり直すのを手伝うことが支援として重要だろう。それは同時に，「いじめられていた自分」のような薄くて不本意なアイデンティティから離れ，本人にとって生きたいアイデンティティを再構成することでもある。

1 過去と関わり直す

　Hedtke & Winslade（2016/2019）は，愛する大切な人を失った人を支援するためのアプローチとして，遺族が故人との新たな関係を「手作り」する治療的枠組みを提案している。喪失を受け入れ乗り越えることへと向かう既成のモデルに代わり，大切な故人との関係に遺族が新しい意味を創出し，故人と関わりながら生きていけるようにする，悲嘆への美しいアプローチである。意味を手作りしていくところ，終わらせるのではなく関わり続けることを目指すところに，いじめ，不登校，転校とその後を生きてきた大学生との会話への重要な示唆がある。

　苦しかった時期や理不尽なことに対して自分がどうしようとしていたかが見える物語や，自分なりの判断・決断や経験から得た知恵など当時の経験に自分にしか与えられない意味を与えた物語，そして，過去が現在と未来につながっていく（逆に現在と未来のルーツを過去に見出せる）いい物

語をいくつも手作りすることによって，大学生が過去と一緒に生きていけるようにしたい。

　優志さんは，今やっているのは，あの選択がよかったと思える人生を歩むということであって，それは転校を決めた当時の自分に応えていくことなのだという意味を与えた。これは過去との関わり直しであり，そういう自分として生きていくというアイデンティティの表明でもある。優志さんは自分の経験がいつか誰かの役に立つことを願うようになり，当時普通の人生からの逸脱に思えた転校とその後の歩みは，いつか誰かの役に立ちうる経験として意味を持つこととなった。

　瑞季さんは，当時いじめに耐えていただけではなく，陰口や悪口を言わない人，さまざまな価値観があることを喜べる人になろうとしていたのだという物語を作った。なぜ周りの人のように悪口を言わなかったのかを尋ねると，瑞季さんは「多分自分が言われていなかったら悪口を言っていたかもしれません。単純に，されて嫌だった，それだけです。でも嫌だと思ったから自分は絶対しないと思いました」と言った。瑞希さんは大学で，噂話や陰口と無縁の友人関係をもつことができた。そのことと過去とのつながりを尋ねると,「悪口や陰口を言わないようにしてきたからこういう友達に会えたし，その人たちがいい人だとわかるんです」と語ってくれた。

　これらは関わり直しのごく一部である。困難だった時期のことを挫折や失敗ではない文脈で語れる可能性を拓いていくことは，過去との関わり直しであると同時に，その人が生きていきたいと思えるアイデンティティを再構成する。それは，いじめ，不登校，転校の経験と一緒にその後を自分らしく生きていくことを支えるだろう。

２　重要な影響を与えてくれる人の目を通したアイデンティティの再構成

　アイデンティティの再構成においては，大変な時期を支え重要な影響を与えてくれた人を思い出し，その人の目を通した自分に出会うことの重要性を特記しておきたい。これはナラティヴ・アプローチでリ・メンバリングと呼ばれる実践であり，アイデンティティの基礎は，核となる自己というよりも重要な他者（その人の人生に重要な影響を与え，その人がどういう人かについて影響力のある声を持っている人物）により構成されるという考えに立っている（White, 2007/2009）。

　瑞季さんは困難な時期に母親が寄り添い続けてくれたことを宝物のように語った。母親の存在，母親を心配させたくないという気持ちが瑞季さんの力となっていた。母親の目を通して見ると，瑞季さんはいじめを受けていた頃もずっと愛されている頑張り屋さんだった。また，無視され避けられても部活を続けさせたものは何だったのだろうと尋ねると，瑞季さんは「（その競技が）好きだったから」と言った後に，ある漫画の主人公を仲間としていたことを教えてくれた。困難に立ち向かいながらひたすら技術を磨いて強くなっていく主人公と競い合い，上達することだけに集中していたから続けられたことを語った。主人公にとって瑞季さんは仲間であり良きライバルだった。主人公とそのような関係を築いたことの先に何があったかを尋ねると，漫画や小説の力に気づき，それが進学先の選択と将来の進路の希望へとつながっているのだと教えてくれた。

　優志さんは尊敬している人物から，著書を通して指導を受けていた。その場で足踏みするだけでどこへも進めないように感じられるときも，優志さんはその人物との関係においては常にあきらめず工夫を怠らない人であり，この先もそうだろうとイメージできた。

　困難な時期に大きな影響を与えてくれた重要な人をリ・メンバリングする会話は過去との関わり直しになる。そして，その人の目を通して再構成されたアイデンティティは，大切に思い出され，過去から現在，そして未来へとつないでいけるものだろう。

VI　おわりに

　いじめ，不登校，転校が喪失という文脈であまり語られないのは，ひとつには本人が毎日を懸命に過ごしてきたことを物語っているからだろう。苦しい時期を越え，自分にとってより良い人生航路を拓こうと舵を切ってきた方たちに出会うと労いの気持ちを伝えたくなるが，差別や排除，序列などによる力関係に取り組める成熟した場の形成や，困難な状況にある個人の努力だけに頼らない支援が切実な課題だとも感じる。いじめ，不登校，転校は，痛みを感じる過去であり続けるかもしれない。それでも，当時を生き抜いた自分とのつながりを失わずにこの先を生きていける支援の可能性を本稿で示せていれば幸いである。

　最後に，快くご自身の経験を差し出してくれた瑞季さんと優志さんをはじめ，いじめ，不登校，転校を経た人生のことを教えてくれる大学生の皆さんに心より感謝します。

▶文献

Boss P（2000）Ambiguous Loss : Learning to Live with Unresolved Grief. Harvard University Press.（南山浩二 訳（2005）「さよなら」のない別れ 別れのない「さよなら」—あいまいな喪失. 学文社）

Boss P（2006）Loss, Trauma, and Resilience : Therapeutic Work with Ambiguous Loss. W.W. Norton & Co.（中島聡美，石井千賀子 監訳（2015）あいまいな喪失とトラウマからの回復—家族とコミュニティのレジリエンス. 誠信書房）

Hedtke L & Winslade J（2016）The Crafting of Grief : Constructing Aesthetic Responses to Loss. Routledge.（小森康永，奥野光，ヘミ和香 訳（2019）手作りの悲嘆—死別について語るとき〈私たち〉が語ること. 北大路書房）

奥野光（2018）大学生の一人暮らし—Leaving Home. 家族療法研究 35-3 ; 212-216.

White M（2007）Maps of Narrative Practice. W.W. Norton & Co.（小森康永，奥野光 訳（2009）ナラティヴ実践地図. 金剛出版）

🗨 [特集] 喪失・悲嘆——存在と不在の「あいだ」で回復を求めて

予期せぬ別離・届かない言葉

喪失と悲嘆のケア，救援者の惨事ストレスケア

藤代富広 Tomihiro Fujishiro

埼玉県警察本部

I　はじめに

本特集における筆者に課せられたテーマは「予期せぬ別離・届かない言葉」であり，肉親等を突然失い，別れの言葉をかけられなかった人の心理およびそのケアに関するものである。犯罪被害や自然災害等により突然肉親等を奪われる犯罪被害者や被災者の心理とケアについては，本特集の櫻井論文および瀬藤論文等に詳述されることから，本稿では喪失と悲嘆のケアを概説したうえで，救助活動において犠牲者や遺族を目の当たりにしたり危険な任務を遂行したりする警察官や消防官等の救援者のストレスとケアについて述べ，支援者が幅広い心理支援を行う一助になることを目的とする。

II　犯罪被害，自然災害等による喪失と悲嘆

肉親等が犯罪被害や交通事故，自然災害，自死等により死亡した場合，人は大切な他者を突然失うこととなり，「予期せぬ別離」を経験する。肉親等が闘病の末に死亡した場合でも遺された人は別離を経験するが，予期せぬ別離に際しては大切な他者を失うという気持ちの準備がなされておらず，その後の悲嘆は大きくなり得る。

また，犯罪被害等により突然の別離を経験した場合のほか，肉親等が災害や遭難，失踪等のため行方不明になり喪失自体があいまいで不確実な状況の場合，「さよなら」のない別れ（leaving without goodbye）を経験することとなり，人は「届かない言葉」を抱えたまま，喪失と向き合うことになる（Boss, 1999）。さらに，肉親等が新型コロナウイルス感染症（COVID-19）により死亡した場合，死自体を予期できなかったことに加え，棺を開けて対面したり火葬に立ち会ったりできずに遺体を見る機会を失うため，「さよなら」を告げる別れの過程を踏むことができず，肉親等の死という現実を受け入れることが困難になり，肉親等の死を現実のものとして認識しがたい「あいまいな喪失（ambiguous loss）」を経験することとなる。このような「あいまいな喪失」を経験することにより，悲嘆が複雑に長期化する遷延性悲嘆症がもたらされる可能性がある（中島，2020）。

上記の通り，犯罪被害等により肉親等を亡くすことにより生じる悲嘆は，通常の喪失体験によって生じる悲嘆よりも複雑な様相を呈し，専門的な心理支援が必要となる。

III　喪失後の悲嘆へのケア

肉親等を死別により喪失した後の悲嘆へのケア

の基本として有用と考えられる「意味の再構成モデル」（Neimeyer, 1998, 2001）を中心に概説する。

　Neimeyer（1998, 2001）は，遺族の心理過程の研究および治療を踏まえ，喪失体験をした人が最終的に回復状態に達するのではなく，肉親等を喪失したことや故人のいない世界の意味を再構成していくことが悲嘆のケアの中心であると述べている。意味の再構成とは，故人との心理的絆を作り直し，その思いなどを語り，忘れようとするのではなく，一貫性のある人生の物語を書き直すということである。また，「あいまいな喪失」に対するケアとしても，喪失体験や大切な人がいない世界の意味を探求し，意味を見つけようとすることの有用性が指摘されている（Boss, 2006）。

　Neimeyer（1998, 2001）が述べる意味の再構成モデルにおいては，悲嘆過程を乗り越えるものとせず，いくつかの局面と考えている。たとえば，良い局面（故人との楽しい思い出を想起するなど）と悪い局面（故人がいなくなったことを受け入れられずに激しい苦痛を感じるなど）を行ったり来たりする過程である。この悲嘆過程について，Neimeyer & Mahoney（1995）は，故人への強い思いがなくなるのではなく，故人への心理的絆が持続することにより，故人がいなくなった世界を生きていくなかで，故人との絆が大切なものになると認識するようになると述べている。

　肉親等を喪失した人に寄り添う支援者は，遺族の悲嘆過程を理解するように努め，大切な人がいなくなった世界や故人との心理的絆を考え続ける長い道程を歩むなかで，故人のいない世界の意味を作り直していくことを傍らで支える姿勢が重要である。

IV　救援者の惨事ストレス

　犯罪被害等により犠牲になった方の救助や遺族等への対応を担う警察官や消防官等の救援者は，犠牲者の発せられなかった声や遺族の声にならない声──届かない言葉──に接することとなり，真摯に対応するほどに心理的影響を受ける可能性がある。特に，子どもが犠牲となる事件や事故の救助活動に従事する救援者には大きな心理的影響が及ぶ可能性がある。DSM-5（『精神疾患の診断・統計マニュアル 第5版』）（American Psychiatric Association, 2013）における外傷後ストレス障害（PTSD）の診断基準には「外傷体験への暴露」が含まれ，「心的外傷的出来事の強い不快感を抱く細部に，繰り返しまたは極端に曝露される体験をする（例：遺体を収集する緊急対応要員，児童虐待の詳細に繰り返し曝露される警察官）」と定義されている。このように，救援者の活動はPTSDを発症するリスクのある外傷的体験とされており，被害者や遺族の心理やケアと同時に，救援者のケアも重要となる。

　特に，遺体関連業務により救援者が受ける心理的負荷は重く，従事する救援者にとって心的外傷体験となり，結果としてPTSDに罹患するリスクが指摘されている（重村ほか，2012）。2011年3月11日に発生した東日本大震災に際し，遺体安置所での支援活動に従事した警察職員や行政職員も強いストレス反応を経験している（藤代，2012）。このように救援者が任務に従事した結果生じる強いストレス反応は，「惨事ストレス」と呼ばれる。惨事ストレスとは，災害や事故等の悲惨な状況において活動したり，状況を目撃したりした人が，活動・目撃中やその後に起こす外傷性ストレス反応と定義される（松井，2009）。

　警察官等の職業救援者が惨事場面において活動した後に経験する惨事ストレス反応として，Everly & Mitchell（1997）は，パニック，抑うつ，軽躁状態，急性ストレス障害，外傷後ストレス障害，悲嘆・死別反応を挙げている。

　たとえば，2001年に発生した米国同時多発テロの際に世界貿易センタービルにおいて救助活動に従事したニューヨーク市警察官は，心身に大きな衝撃を受けた。そのニューヨーク市警察官の惨事ストレスに関する調査では，発生から2年から3年が経過した時点で，3,925名の警察官のうち7.2%にPTSDの罹患の疑いがあった（Perrin et

al., 2007)。また，同事件の救援活動に従事した
ニューヨーク市警察官の長期コホート研究では，
累積の PTSD 罹患の疑いの割合について，1 年後
は 2.5%，2 年後も 2.5%，3 年後は 4.0%，4 年後は
4.6%，5 年後が 5.7% と増加し，9 年後には 9.3% と
なっていた。単年の PTSD 罹患の疑いの割合は，
2 年後が 0.1%，3 年後が 0%，4 年後が 1.8%，5
年後が 0.8%，6 年後が 0.8%，7 年後が 0.4%，8 年
後が 1.8%，9 年後には 1.0% となっていた。なお，
うつ病とパニック障害の単年の疑いの割合は，発
生から 4 年後が最多になっており，それぞれ 1.4%，
1.5% であった（Wisnivesky et al., 2011）。このよ
うに，時間の経過とともに惨事ストレス状態にな
る警察官が増加していることが明らかとなってい
る。

　日本の救援者における惨事ストレスの研究で
は，消防官を対象としたものが多く見られる。畑
中ほか（2004）は，全国の消防職員 1,516 名の有
効回答をもとに，衝撃を受けた災害体験や惨事ス
トレスを分析した結果，過去 10 年間に衝撃的な
災害を経験した者は 58.1% であり，これらの者の
PTSD ハイリスク者の割合は 15.6% であったこと
を報告している。また，大澤・加藤（2007）は，
消防職員 1,432 名を対象に，阪神・淡路大震災
と 2006 年に発生した殉職事故による惨事ストレ
ス反応の長期的影響を調査している。その結果，
PTSD ハイリスク者は，阪神・淡路大震災では
11.6%，殉職事故では 6.4% であった。

　このように，凄惨な現場で救助活動に従事する
救援者の惨事ストレスは看過できないものであ
り，社会の安全を担う救援者の惨事ストレスに対
するケアは重要なものであると考えられる。

　上記のように救助活動の結果から惨事ストレス
状態になるばかりではなく，指揮を執る幹部職員
も惨事ストレスと無縁ではない。部下の殉職によ
り，自分の指揮命令が正しかったのかと苦悶し，
強い自責感を抱き，消防や警察の幹部職員も惨事
ストレス状態になり得ることが明らかにされてい
る（松井ほか，2011；藤代，2018）。

Ⅴ　救援者の惨事ストレスケア

　上記の通り，訓練を積んだ救援者も惨事ストレ
スを経験する可能性があり，個人や組織の安全お
よび健康が保たれることにより，初めて救援活動
が可能となることから，組織的なケアが必要となる。

　東日本大震災に際しては，警察，消防，自衛隊，
海上保安庁がそれぞれ多くの救援部隊を投入し，
広域かつ長期間に及ぶ救援活動が行われ，各機関
とも部隊活動期間中や帰任後における惨事ストレ
ス対策を実施している（藤代，2013；水口・廣川，
2013；大澤，2013；山本ほか，2013）。いずれの
救援者も，犠牲者の無念や遺族の苦しみなどを受
け止めながら粛々と任務を遂行したが，ストレス
反応とは無縁ではいられないため，業務の結果生
じた惨事ストレスに対しては，各機関とも職員に
対するケアを実施した。

　重村（2012）は，自衛官に対する惨事ストレス
対策の実践および研究に基づき，救援者の惨事ス
トレス対策に必要なこととして，救援者にとって
惨事ストレスは不可避であるとともに回復し得る
という原則を理解すること，組織として惨事スト
レス対策に取り組むこと，惨事ストレスに対する
セルフケアを行うことを挙げている。

　救援者の惨事ストレスに対する具体的なケアと
して，大澤（2012）は，消防官に対する惨事スト
レス対策の実践および研究に基づき，定期的な休
憩，一日の活動終了時には当日に湧き出た感情を
吐き出す場を設けること，送り出してくれた家族
へのねぎらい，不在時に仕事をカバーしてくれた
同僚への感謝，自分の体験を分かち合う場所を見
つけることを挙げている。

　このように，救援者の惨事ストレスケアは専門
的なカウンセリングではなく，惨事ストレスに関
する知識を持ち，個々の職員がセルフケアを実践
するとともに，組織も適切なケアを提供すること
が重要である。このような取り組みに支援者が心
理学の知見に基づいて助言するなどの援助も有効
であり，必要に応じてカウンセリングが提供され

ることにより，惨事ストレスの影響を最小限にとどめることも可能になると考えられる。

VI　おわりに

　頻発する重大な自然災害，凄惨な事件や事故，強い緊張が強いられる新型コロナウイルス患者の救命活動等，救援者を取り巻く環境は以前にも増してストレスフルと考えられる。救援者の目の前には肉親等を亡くし，強い悲嘆を抱く遺族等がおり，救援者は心身ともに過酷な状況に置かれる。

　十分に訓練された救援者であっても，犠牲者や遺族と接したり，仲間が殉職したりなどの体験により，悲嘆をはじめとした外傷性ストレス反応を経験する可能性がある。したがって，安心して暮らせる社会を持続させるために，喪失と悲嘆に苦しむ人を助ける救援者に対する心理支援も重要なものと考えられる。

▶文献

American Psychiatric Association（2013）Diagnostic and Statistical Manual of Mental Disorders. 5th Ed. American Psychiatric Association.（高橋三郎，大野裕 監訳（2014）DSM-5 精神疾患の診断・統計マニュアル. 医学書院）

Boss P（1999）Ambiguous Loss : Learning to Live with Unresolved Grief. Harvard University Press.（南山浩二 訳（2005）「さよなら」のない別れ 別れのない「さよなら」. 学文社）

Boss P（2006）Loss, Trauma, and Resilience : Therapeutic Work with Ambiguous Loss. W.W. Norton.（中島聡美，石井千賀子 監訳（2015）あいまいな喪失とトラウマからの回復—家族とコミュニティのレジリエンス. 誠信書房）

Everly GS & Mitchell JT（1997）Critical Incident Stress Management. 2nd Ed. Chevron Publishing.（飛鳥井望 監訳（2004）惨事ストレスケア—緊急事態ストレス管理の技法. 誠信書房）

藤代富広（2012）遺体確認時の遺族への支援—東日本大震災における遺族支援活動から. トラウマティック・ストレス 10；58-64.

藤代富広（2013）警察における惨事ストレス対策. トラウマティック・ストレス 11；141-149.

藤代富広（2018）広域災害により部下が殉職した警察幹部職員の惨事ストレスの検討. 心理臨床学研究 36；47-57.

畑中美穂，松井豊，丸山晋ほか（2004）日本の消防職員における外傷性ストレス. トラウマティック・ストレス 2；67-75.

中島聡美（2020）新型コロナウイルス感染症（COVID-19）と悲嘆，遺族ケア. トラウマティック・ストレス 18；176-186.

松井豊（2009）惨事ストレスとは. In：松井豊 編著：惨事ストレスへのケア. おうふう, pp.3-18.

松井豊，畑中美穂，丸山晋（2011）消防職員における遅発性の惨事ストレスの分析. 対人社会心理学研究 11；43-50.

水口勲，廣川進（2013）東日本大震災における海上保安庁の惨事ストレスへの取り組みと課題. トラウマティック・ストレス 11；133-140.

Neimeyer RA（1998）Lessons of Loss : A Guide to Coping. McGraw-Hill.（鈴木剛子 訳（2006）〈大切なもの〉を失ったあなたに—喪失を乗り越えるガイド. 春秋社）

Neimeyer RA（2001）Meaning Reconstruction and the Experience of Loss.（富田拓郎，菊池安希子 監訳（2007）喪失と悲嘆の心理療法—構成主義から見た意味の探求. 金剛出版）

Neimeyer RA & Mahoney MJ（1995）Constructivism in Psychotherapy. American Psychological Association.

大澤智子（2012）災害現場における心理教育. In：前田正治，金吉晴 編著：PTSD の伝え方—トラウマ臨床と心理教育. 誠信書房, pp.115-146.

大澤智子（2013）消防における惨事ストレス対策—阪神・淡路大震災から東日本大震災，そして今後の展望. トラウマティック・ストレス 11；117-124.

大澤智子，加藤寛（2007）惨事ストレスの長期的な影響に関する調査研究—震災と殉職が意味するもの. 心的トラウマ研究 3；57-66.

Perrin MA, Digrande Wheeler K et al.（2007）Differences in PTSD prevalence and associated risk factors among world trade center disaster rescue and recovery workers. The American Journal of Psychiatry 164；1385-1394.

重村淳（2012）救援者のトラウマと心理教育. In：前田正治，金吉晴 編著：PTSD の伝え方—トラウマ臨床と心理教育. 誠信書房, pp.147-166.

重村淳，谷川武，野村総一郎ほか（2012）災害支援者はなぜ傷つきやすいのか？—東日本大震災後に考える支援者のメンタルヘルス. 精神神経学雑誌 114；1267-1273.

Wisnivesky JP, Teitelbaum SL, Todd AC et al.（2011）Persistence of multiple illnesses in World Trade Center rescue and recovery workers : A cohort study. The Lancet 378；888-897.

山本泰輔，角田智哉，山下吏良ほか（2013）自衛隊における惨事ストレス対策—東日本大震災における災害派遣の経験から. トラウマティック・ストレス 11；125-132.

[特集] 喪失・悲嘆──存在と不在の「あいだ」で回復を求めて

変わりゆく本人の傍らで

高齢者・認知症

扇澤史子 Ogisawa Fumiko

東京都健康長寿医療センター

　加齢に伴って増加する認知症の多くは，言うなれば「長生きの証」だが，身内が認知症を発症した事実を前向きに捉える人は皆無に等しい。というのも認知症は，本人から自立／自律した生活を奪い，他者の手を借りることを余儀なくさせ，家族には「曖昧な喪失」（Boss, 2002）を突き付けるからである。Boss（2002）によれば「曖昧な喪失」には，"身体的に存在するが心理的に不在"，あるいはその逆の2つの形があり，認知症の家族が対峙するのは前者である。認知症の進行は，目の前の本人がよく見知ったその人ではなくなっていくという喪失を断続的に突き付けるため，家族の悲嘆を招きやすい。認知症の困難さは，認知機能と生活機能の低下や行動心理症状（BPSD）にのみあるのではなく，実存のより深いところにある（井藤，2011）。

　本稿では，我々心理職が，認知症の家族が経験する「曖昧な喪失」をどう理解し，心理支援につなげるのか，事例を通して考察する。紹介するのは，筆者が家族支援プログラムで関わってきた家族である。認知症支援に資する形で誌面に掲載することを快諾くださったが，本稿では事例の本質を損なわない範囲で個人情報を改変して紹介する。

I　事例紹介──Aさん・初診時82歳女性・夫と二人暮らし・一女一男は独立

　Aは姉さん女房で，家事や子育て一切を担ってきた。元々活発な人柄でフラダンスを趣味とし，仕事に忙しかった夫も退職後，Aの誘いで手話ボランティアや町会活動に加わり，夫婦で旅行も楽しんだ。X-3年，約束を失念するようになったが，夫はAの刺激になればと活動を続けた。しかし周囲から話の繰り返しを指摘され，Aは活動から遠のいていった。X-1年，Aの腰痛が増悪し夫の家事負担が増え，夫婦は隣県の長女宅近くに転居した。X年，道に迷うことがあり，当センター物忘れ外来を初診。アルツハイマー型認知症と診断された。夫は医師の勧めで，家族会に参加。前半のストレスに関する講義後，「常にあるストレスをどうしようとも思わない。退職後せっかく作った人間関係も引っ越しで全て一から。新たに作る気力も誰かに頼る気もない。Aの診断も受け入れられない。でもAには世話になったから自分が最期まで看たい。認知症の勉強には意味を感じないが，話だけでも聞いてみようと思う」と半ば突き放すように言った。筆者らはいつでも歓迎と伝えた。3カ月後，「引っ越しで失った人

間関係を作る気もない」と繰り返し，TV で見た介護殺人について「自分も世話を A に抵抗され，通じ合えなくなって忍びない。殺めた人の気持ちも分かる」と語った。

その後，夫が自身の検査入院中に来談。「夜は子どもたちが交替で付き添い，頻繁に私（夫）の名前を呼ぶと聞いた。今まで夜中に何度も起こされ，手を上げかけたこともあったが，A が不憫で早く帰りたい。A が私を認識できる間は自分で看たい。でも体調のこともある……」と他者に頼らない介護方針に限界を感じ始めていた。1 時間話し，夫は自ら「無駄話に付き合ってくれて」と礼を述べ自室に戻った。

その後の家族会で，夫は，一度だけ参加したある妻介護者の話が印象に残ったという。〈元々亭主関白だった夫は発症した頃，苛立ちが強く大変だったが，徐々に妻に頼るようになり愛おしくなった。一瞬目を離した隙に外に出て事故に遭い，泣く泣く施設入所となった。最初は失意のどん底だったが，今は毎日面会し，穏やかに過ごしている〉とのことであった。他の介護者からも，最初サービスに抵抗感があったが利用してよかったという経験を口々に聞き，構えが和らいだ。その後ソーシャルワーカー（SW）と共に面談し，A はデイサービス（DS）とヘルパーを利用開始。家族会でも，DS の送迎時 A が投げキッスをしたり，家ではゴミ捨てや米研ぎなど A なりに頑張っていると，互いを思いやる暮らしぶりが報告された。

X+1 年，A の排せつの失敗を夫から相談され，認知症看護認定看護師とともに通院時に A と同伴の長女に声をかけるようになった。長女はさっぱりした口調の明るい人柄で，不安げに横に座る A もかつてはそうだったのだろうと想像された。長女から，A は姉さん女房で気の利かない夫は元々尻に敷かれ気味で，A が立腹して夫が涙することも度々あること，夫が家族会に支えられていることを聞いた。また夫からは，印象に残った妻介護者に話を伺いたいと希望があり，筆者と 3 人で場を設けた。妻介護者からは〈不本意な入所で，

寝息を聞くことも叶わなくなった。でも，常にあった徘徊の心配や排せつ物の掃除から離れて，二人穏やかな時間が持てるようになった〉と述べ，家が一番とも限らないことを学んだ。

その後 A は断続的に不眠，不穏状態となり，ある回で夫の疲労も限界に達しているように見えた。夫は施設に預けることも考えたが，A の「神様助けて……神様はいないのか……」という呟きに，辛さが想像されて逡巡した。会の後，筆者と SW が〈十分やってこられたのでは〉と，昼夜逆転と BPSD の治療と何よりも夫の休息のために入院を勧めると，夫は張りつめていた気持ちが手折られたように嗚咽した。筆者らも A のケアに加わると説明すると，ようやく夫は休息入院を希望した。筆者らは入院の出迎えや家族の面会時に度々訪室し，多職種で A への有効なケアの方法を模索した。退院前のカンファランスで夫は「入院前は，死ぬことも考えた。A は私がいないとおかしくなると案じていたが，本当にほっとした」と述べた。夫と DS に宛てた「ケアの提案書（提案書）」を渡し，説明して自宅退院となった。

入院後，昼夜逆転も改善。夫は今後の宿泊サービスを視野に入れ，別施設の DS も利用し始めた。A は慣れない複数の DS 通いに疲れたのか夕方眠り，夜中に夫に摑みかかることが増え，夫はその苛立ちを自分の腕を叩いてやり過ごした。不穏のため X+2 年 DS から利用を拒否され，再び夫の疲労が限界に達した。通院時，主治医から改めて介護の苦労を労われると泣き崩れ，転院・入所先探しのための入院を決意した。

入院中，次の生活拠点につなぐ「提案書」作成のため，症状と併せて A の人柄や人生史，ADL介助の方法，楽しめるプログラム紹介など，多職種で検討した。SW は夫らに認知症ケアを重んじる B 病院を紹介し，夫らも見学し希望。「提案書」を受け取った B 病院からは，おかげで A の全体像がよく分かり，すぐに適切なケアにつなげられたと感想があった。夫からも，B 病院のスタッフが A をよく理解し，A も穏やかで安堵したと報

告があった。

　その後夫と長女は交替でAの面会に通い，家族会でAが夫を見て笑顔になることを報告。X＋3年，Aは座っていることが増え，X＋4年には経口摂取も困難になっていたが，小さな栄養ゼリーを食べさせる職員の手厚い介助に感動した。その後コロナ禍で家族会は中止となった。

　数カ月後の梅雨のある日，夫がAを看取ったことを筆者らに報告するため来院。B病院も面会禁止となったが，Aが長くないことを気遣い，PCR検査を条件に，数回短時間会わせてくれた。今日か明日かという日に，一歩も室外に出ない条件で一晩共に過ごした。Aは，B病院には家族共々大切にしてもらい，最高のケアで最期を迎えられて幸せだったと語った。

　別の日，長女も受診ついでにAの看取りを報告しに立ち寄った。長女が頻繁に面会に通っていた頃は，Aにマッサージをしたり，催しを一緒に楽しみ，夕食介助を終えるまでゆったり過ごしていた。突然の面会禁止で，Aが急に目前から消えた感じがしたが，看取りが近いと分かった頃に，「お揃いにしようね」と骨壺を夫と一緒に選び，葬儀までの3日間，会えなかった時間を埋めるように会いに行った。拝むたびに見る遺影は奇跡の一枚を選ぼうと，黄色い洋服を着た元気な頃の笑顔の写真を選び，ハワイ風の額に飾った。葬儀当日には，棺の中のAに，ボーダーのシャツにスニーカー，キャップを着せて，片手には家族からの手紙を，もう一方にはAが大好きだった老舗の2段弁当を持たせて，あの世で先に楽しんでほしいと願いを込めて，お寺で皆で「えいっ」とピクニックに送り出すように見送ったという。

　長女が，葬儀後の片付けで，元気な頃のAのビデオ映像を見つけて，夫は今もボタン一つでAに会えているとのことであった。そしてAの介護を通して，周りの人に優しくなれ，目線が変わっていい経験をさせてもらったと振り返った。筆者は夫から，DSでできた友人と麻雀をして楽しんでいると報告を受けていたが，長女によればそれ

は強がりで，時々涙ぐんでいるとのことであった。最後に長女は「死は怖くない。だって死ぬまでは生きているのだから。健康長寿で生きていないとね」と明るく言い添えて退室された。

II　認知症の家族介護者の心理プロセス

　先行研究によれば，身内が認知症を発症すると家族は〈戸惑い・衝撃・否認〉〈混乱・怒り〉〈あきらめ・居直り〉〈理解・受容〉という一連の心理プロセスをたどる（扇澤，2014；杉山，1992；鈴木，2006）。人によって行きつ戻りつしたり，ある段階で留まることもある個別的体験であるが，多くの先行研究において診断前後の最初の反応から，段階数や名称がさまざまな中間の情緒危機を経て，受容に至る最終の過程は基本的に類似する。

　本事例の心理プロセスを振り返ると，発症前後，加齢による物忘れと病的なそれとの境界の曖昧さから，夫は「正常な姿」と「衰えた姿」の狭間で〈戸惑い・衝撃〉を抱き，診断の事実も受け入れがたかった（〈否認〉）。元々の関係性が良好でない場合，BPSDが本人の性格や意志に起因するとの誤解から確執を生むこともあるが，幸い夫婦の関係は良好であった。しかし夫がAのためにと継続した活動は奏功せず，慣れた環境を手放し，懸命の世話にも抵抗されAと通じ合えない〈混乱・怒り〉が続いた。排せつの失敗など症状は確実に進行し，目標はいつしか"回復"ではなく"在宅介護の継続"となった（〈あきらめ・居直り〉）。断続的にBPSDが生じ〈混乱・怒り〉が揺り戻し，Aの入院を決意。入院後も症状は進行したが，自分の来訪を喜ぶAの表情が夫の張り合いとなった（〈理解・受容〉）。目の前にいるのは思い出のなかのAではないが，大切な人に変わりないという価値体系の変化は，発症前後の人生史に連続性を持たせ，「曖昧な喪失」を抱えながら生きる夫のレジリエンスと捉えることもできる。なお長女が「いい経験だった」と述べたように，人生で経験したままならなさや葛藤と折り合いをつける過程

では，答えの出ない事態に耐える「ネガティブ・ケイパビリティ」（帚木，2017），あるいは Baltes のいう「人生にかかわる重要かつ不確実な事柄へのよき判断」である「英知（wisdom）」を育み（黒川，2019），〈理解・受容〉に至る人のなかに，介護肯定感や自己成長感（川﨑・高橋，2006；櫻井，1999）が生じる場合もある。

　支援として，否定的感情が優勢な〈混乱・怒り〉までの段階を早く抜け出せるようプロセスの移行自体を目的とする試みもあるが，移行しない家族に責めを帰す恐れが生じる場合もある。心理プロセスは家族の心理を理解する手段・枠組みとすることが一義的に重要であり，逆説的であるが今その段階にいることが尊重され，結果的に移行するのが望ましい。

　また，家族と本人は互いに別々の“心理プロセス”を歩むのではなく，少なくとも初期には，本人も家族と同等以上の情緒的な揺らぎを体験し，相互的に作用し合うと考えられる。心理支援では，抗えぬ喪失と向き合う双方の気持ちを受け止めながら，本人がうまく伝えられない心の内を家族に届け，それを受け止める家族の戸惑いを支えることも重要である。

　なお，緊急事態宣言下でのＡへの面会禁止は，冒頭で述べた「曖昧な喪失」のもう一方の「身体的不在」を家族に突き付けかけた。Ｂ病院はＡに残された時間がわずかであることやＡとの面会に支えられてきた家族に配慮し，何とか工夫して数回の面会と最期の一晩共に過ごす時間を設けた。家族が，Ａの穏やかな最期を肌で感じ取れたことは，二重の「曖昧な喪失」を防ぎ，後悔のない別れを迎えられた点で非常に意義があった。命を守るための感染対策と二項対立となりがちなケアをどう提供するのか，今あらゆる医療介護現場で問われている課題である。困難な状況下で，認知症ケアに従事する多職種の知恵と工夫を持ち寄り，個々の施設の事情に応じた実現可能な方法でどうケアを届けるのか，妥協することなく模索していくことが求められる。

III　心理プロセス移行の促進要因と阻害要因

　上述の心理プロセス移行の促進・阻害要因には，①元々の関係性（Teusink & Mahler, 1984；馬場，1995），②家族の介護分担や役割（Teusink & Mahler, 1984），③発症前後の埋められないギャップ（鈴木，2006），④認知症の程度と BPSD（田中ほか，2002；馬場，1995），⑤病気や対応の理解（Teusink & Mahler, 1984；馬場，1995），⑥社会資源の情報（馬場，1995），⑦続柄や介護者の年齢（田中ほか，2002）などがある。本事例では①良好な夫婦関係，②長女の介護分担という促進要因はあったものの，③発症前との乖離，④対応困難な夜間不穏，⑤家族介護が一番との信念，⑥社会資源への知識不足，⑦高齢の夫といった阻害要因がそれを上回り，“心理プロセス”は度々〈混乱・怒り〉に揺り戻った。Ａと地元で送るはずであった「老後」の喪失も「曖昧な喪失」の一部であった。その後，下記の情報的／情緒的サポートや入院を経て，プロセスは移行した。

IV　情報的サポートと情緒的サポートの両輪による心理支援

　認知症の診断後，病気の知識や社会資源，ケアについて情報的サポートを行うことは重要である。ただし本事例のように知識を得ても，他者を頼らない介護の形にこだわる家族は少なくない。特に介護者が男性の場合，自立（一人でもやっていける）と自律（自分をコントロールしているのは自分自身）の感覚が脅かされると，介入の拒否につながりやすい（平山，2014）。本事例で筆者らは夫の自立／自律観を尊重しつつ，夫は家族会で悩むのは自分だけでなくもっと大変な人もいるという「経験の共有と相対化」（宮上，2004）を通して，他者の手を借りて自分らしい介護生活を送る人もいるという新たな価値観に自ら出会っていった。

　家族会等のプログラムの多くは月1回，ほんの数時間の限られた枠組みで実施されることが多

い。介護の苦労が時にユーモア交じりに語られ，一斉に大笑いしてストレスが発散されたり，重大事だったことが取るに足らぬことであったというリフレーミングが生ずることもある。専門職からでは響かぬ言葉も，同じ立場の家族から紡がれる言葉は胸の内に届き，先輩介護者の話が後輩を支えるという循環を生み出すこともある。認知症家族への心理支援は，情報的サポートと情緒的サポートの両輪で提供することが重要である。

V　次の支援者を選び，バトンを渡す

「介護は辛い。でも預けられない」と夫が逡巡したように，要介護者がかけがえのない二人称的存在であるほど，家族は自分でどうにかしたいと望む。この時，支援者は，家族の望む／望まないサポートは何かという「サポート内容の選好」と，誰からのサポートを望む／望まないのかという「サポート源の選好」を併せて理解する必要がある（平山，2012）。本事例では，夫は，サポート内容として宿泊を伴うサービスは望まず，死がよぎるほど追い詰められた末にようやくサポート源として筆者らの病院を選びAを預ける決意をした。これらを勘案して夫らが安心できる次のサポート源（転院先）を選択し，多職種で試行錯誤したケアの方法，人生史，人となりを含む情報を引き継いだことは，後悔のない決断への一助になったと考えられる。「提案書」による情報共有は，生活拠点が変わっても，本人が自分らしく生活できるよう適切なケアを切れ目なく提供するのに有用と考える。

VI　おわりに

近年，認知症への社会的関心の高まりもあって，早い段階で異変を感じて受診し，認知症と診断される人は少なくない。思い出のなかのその人と目の前にいる本人との連続性がうまく見いだせないという「曖昧な喪失」に家族は戸惑い，また自身の足跡や連続性を喪失してゆく本人も不安に揺らぐ。彼らが求めているのは，今後自分たちがどうなっていくのか分からない不確かさのなかで，どのように生活していくのかという根源的な問いに向き合い，その問いを抱え続けるプロセスの同行者であろう（扇澤，2020）。

家族会で支えを得た先輩介護者は，身内が診断されたばかりの後輩介護者を支え，後輩は，先輩たちの背中に，「曖昧な喪失」を抱えながらも自分らしい人生を送るネガティブ・ケイパビリティや英知を学ぶ。これまで家族間で生じた小さな支援が筆者らの支援の枠組みを超えて，さまざまな場所や人のなかに循環し多層的につながっていくことを実感してきた。本稿で紹介した心理支援は，認知症本人や家族の持つ「英知」（黒川，2019）の発露を待ち，それらが発揮される場と関係を社会の片隅にひとつ作る小さな試みにすぎないが，心理職によるこれらの試みが広がり，より多くの認知症家族に届くようになることを望む。

▶文献

馬場純子（1995）介護のプロセスにおける受容．日本女子大学人間社会研究科紀要 1 ; 33-48.

Boss P（2002）Ambiguous loss in families of the missing. Lancet 360（Suppl）; 39-40.

帚木蓬生（2017）ネガティブ・ケイパビリティ．朝日新聞出版．

平山亮（2012）あなたと息子介護者の"心の距離"―「ソーシャルコンボイ」という視点．訪問看護と介護 17-5 ; 428-431.

平山亮（2014）迫りくる「息子介護」の時代―28 人の現場から．光文社．

井藤佳恵（2011）介護者のきもちのつらさ．認知症の最新医療 1-1 ; 18-23.

川﨑陽子，高橋道子（2006）高齢者介護を通しての家族介護者の発達に関する一考察．東京学芸大学紀要総合教育科学系 57 ; 115-126.

黒川由紀子（2019）高齢者の英知と創造性．精神医学 61-1 ; 73-80.

宮上多加子（2004）家族の痴呆介護実践力の構成要素と変化のプロセス―家族介護者 16 事例のインタビューを通して．老年社会心理学 26 ; 330-339.

扇澤史子（2014）認知症をかかえる家族へのアプローチ．精神療法 40-5 ; 662-667.

扇澤史子（2020）認知症本人への心理臨床的支援―認知症本人と共に語り合う「私たちで話そう会」の試みとその意義．日本認知症ケア学会誌 19-2 ; 370-377.

櫻井成美（1999）介護肯定感がもつ負担軽減効果．心理学研究 70-3；203-210.

杉山孝博（1992）ぼけ―受け止め方・支え方．家の光協会.

鈴木亮子（2006）認知症患者の介護者の心理状態の移行と関係する要因について．老年社会科学 27-4；391-406.

田中共子，兵藤好美，田中宏二（2002）高齢者の在宅介護者の認知的成長段階に関する一考察．質的心理学研究 1；5-16.

Teusink JP & Mahler S（1984）Helping families cope with Alzheimer's disease. Hospital and Community Psychiatry 35；152-156.

告知 ······ 第 28 回 日本産業精神保健学会のご案内

テーマ：新型コロナ時代の健康と労働～産業メンタルヘルスに関わる課題とその解決を求めて～

日時：ライブ配信 2021 年 11 月 20 日（土）～ 21 日（日）
オンデマンド配信 2021 年 11 月 20 日（土）～ 12 月 23 日（木）

大会長：神山昭男（日本精神神経科診療所協会 副会長）

副大会長：髙野知樹（日本精神神経科診療所協会 産業メンタルヘルス関連委員会委員長）
矢内美雪（キヤノン株式会社 安全衛生部副部長）

プログラム：新型コロナ時代の産業医活動／コロナ禍の働き方改革と健康経営におけるメンタルヘルス対策／新脳－身体－環境の協調知能から，新型コロナ時代を考える／コロナ禍を乗り切るために「連携スキル」を磨きませんか／コロナ禍から職場を守り抜くための有効な方略とは～特にメンタルヘルス対策の視点から／コロナ禍における労働現場の問題点とその解決をめぐって／世界の健康を守る取り組みから何が見えるか～各地のライブリポートから　ほか

申込方法：https://procomu.jp/jsomh2021/ からお申込みください。

◉連絡先：第 28 回日本産業精神保健学会 運営事務局　株式会社プロコムインターナショナル
〒 135-0063 東京都江東区有明 3-6-11　TFT ビル東館 9 階
TEL：03-5520-8822／FAX：03-5520-8820／E-mail：jsomh28@procom-i.jp

[特集] 喪失・悲嘆──存在と不在の「あいだ」で回復を求めて

ふたたび生きて在るために

緩和ケアの現場で生と死の間を生きる

近藤（有田）恵 Megumi Kondo-Arita

大阪医科薬科大学

I　はじめに

「みなさんは生きていますか？」。筆者（以下、私）は死を扱う講義の冒頭で学生に問いかける。私の唐突な問いかけに、学生は何を自明なことを聞いてくるのかと、笑いながら大きくうなずき返してくれる。続けて、私が「では、生きていると確信をもって言えるのはどうしてですか？　間違いなく存在していますか？」と問うと、先ほどの穏やかな雰囲気は消え、お互いに顔を見合わせ、戸惑いの表情で押し黙ってしまう。例えば、朝目が覚める、お腹がすいたことを感じるといった感覚は"感じる私"によって、自分が生きていることに確信を持たせるであろう。では、そうした感覚を持っていたとして、一日中、誰にも会わず、誰とも言葉もかわさない日々が続いたら、どうだろうか。あるいは、外に出て、物理的には人やモノと出会っていても、誰も自分に注意を払わず、そこにいないかのように扱われたら、私という人間は間違いなく存在していると実感を伴って言えるだろうか。私たちは、息をし、毎朝目覚め、ご飯を食べるだけではなく、家族や友人と話をし、学校や職場でそれぞれの役割をこなす。昨日の自分と今の自分は同じ人間で、明日もまた変わりなく自分でいられるという確信を、何気ない日々の中で感じている。自分と他者やモノとの身体的・精神的な間を感じ、自分の存在を意識的・無意識的に確認している。生と死の間に私たちは在るのだが、改めてその存在を問われると、実はそれほど確かでもないことを先の学生とのやりとりで感じてもらえることであろう。

「生きるとは何か？」「私という存在は何だろうか？」。私たちは心の奥底にこうした問いを抱えながらも、日常生活において、真正面から向き合うことはほとんどない。こうした問いに正面から向き合わざるを得ないのが、死を意識する病いに罹患した人々である。私たちは、生まれるという瞬間と死ぬという瞬間の間を生きている。生殖医療が発展した今、いつから生命が始まるのかについてはさまざまな議論があるが、この世に生を享けて以降、誰一人の例外もなく、死への道を進んでいる。"私とは何か？"という自己存在への問いは、人間が古来から問い続けてきたものであるが、エンド・オブ・ライフケアにおいて「在る」ということへの問いは、身体機能の衰えと死という人生の危機へ光を当ててきた。

死を意識して生きる人々の自己の存在についての問いは、スピリチュアルペイン（spiritual

pain）として語られる。窪寺（2004）は，スピリチュアリティ（spirituality）を，「人生の危機に直面して生きる拠り所が揺れ動き，あるいは見失われてしまったとき，その危機状況で生きる力や，希望を見つけ出そうとして，自分の外の大きなものに新たな拠り所を求める機能のことであり，また，危機の中で失われた生きる意味や目的を自己の内面に新たに見つけ出そうとする機能のことである」と定義する。病いによって死を意識しながら生きる人々は，その闘病過程において多くの喪失を体験することによって，自己の存在の根源を強く揺さぶられ，深く考えさせられる。本稿では，「危機の中で失われた生きる意味や目標を自己の内面に新たに見つけ出そうとする」＝「再び生きて在る」ということについて，私のフィールドワーク（近藤，2010）をまとめたものをもとに，自身の存在の根源が揺さぶられる状況にあって，人はどのように自己の在り方の変容をどのように生き，何を失い，何を共に得るのかについて，「間」をキーワードに考えたい。

II　生と死の間を生きる

　エンド・オブ・ライフケアの場としての緩和医療科は医療施設にあっても特別な場所である。医療施設は元来，病いや傷を治し生命を維持することを目的とし，生と死の間が縮まりつつあるのを，再び引き延ばす役割を担っている。その中にあって，緩和医療科は，生の充実を図りながら，少しずつ生と死の間が縮まっていき，死に至るところを共に生きることを目指す場である。エンド・オブ・ライフケアは「診断名，健康状態，年齢に関わらず，差し迫った死，あるいはいつかは来る死について考える人が，生が終わる時まで最善の生を生きることができるように支援すること」である（千葉大学大学院看護学研究科，2012）。我が国において，緩和ケアはがんの罹患者を中心に行われ，とりわけ，入院においては，その生命予後が厳しい場合が多い。緩和医療科に入院することによって，生を意識しながら生きる人々の生と死

の間はどのような様相を見せるのだろうか。

　緩和医療科でフィールドワークを始めた頃の印象的な場面として，入院時の光景がある。緩和医療科に入院してくる人は，入院初日，入院できる安堵感の表情と共に，緩和医療科の入り口がこれまでの自分の生きてきた世界を区切り，この線をまたげば二度とその世界には戻れない大きな敷居であるというように決意を持って入ってくるように思われた。この扉をくぐれば，そこは医療が中心の場で，死に逝く者として生きることが共有される。緩和医療科を構成するスタッフ，患者とその家族は，患者の死が遠くない未来に訪れることを共通認識として持つ。一人の人間の生の期限を共通項として持ち，死を正面から受け止めようとする場においても，輝きを見せるのは死ではなく生であり，生と死の間をどう生きていくのかが問われることをここで確認しておきたい。死に逝く人が自らの死を意識しながら生きるということの背景には，従来の研究でも報告されているように生命予後告知が大きな意味を持つ。自らの死であるにもかかわらずそれを他者から告げられることから死の問題は始まる。自らが死ぬ存在であることをその内に抱えて生きることは，常に自身を死の側において生きることではない。

III　生と死の間を共に在る

　私たちの生は，家族をはじめとする多くの人，モノ，社会，文化との関係性の中にある（近藤，2010）。緩和医療科に入院するということは，これまでの生活の場に別れを告げ，新たな場で生活を再構築することでもある。

　ところで，意外なことに思われるかもしれないが，私は緩和医療科の中で患者さんから多くの居心地の悪さを受け取ってきた。居心地の悪さとは，生と死の間を生きるあいまいさであり，他者や場所が持つ意味との距離のあいまいさのことでもある。入院時に行われる面談では，緩和医療科に入院する決意が，時に「私はここに死にに来た」といった強い言葉で語られ，緩和医療科に入院する

ことで，生と死の間にある自身の在り方を死への側に在るものへと明確化していく。そうした覚悟を持って入院した後，身体症状の状況や他の患者の状態と自分の状態の相違，自分が思っていた以上に残された時間が長いことへの戸惑い，生と死の間のあいまいな時間への困惑が語られることが多い。例えば，「運が悪ければここに（緩和医療科）長くいなくてはいけないけど，運がよければ早く悪くなる」や「こういうところ（緩和医療科）に入っている人はみんな覚悟してっていうか，ね。だから私はここには不釣り合いなんじゃないかって」と，自分の所在をどこに置いていいのか，あいまいさの中に在ることへの所在なさをにじませることも多い。「死ぬまでの間，しばし浮世を楽しみなさいってことでしょ？　ねぇ，先生，そうでしょ？」と，生と死の間を生きる自分の身体と心，他者との間において，どこに自分が在るべきなのか，あいまいな時を生きる苦悩がそこに見てとれる。

　また，病いによって死を意識して生きる人々は，自分自身の存在意義においても大きな変容を迫られる。これは身体症状とも大きく関係するが，病いが進行するにしたがって，さまざまなものを喪失する中で，生きることを余儀なくされる。

　私が緩和医療科で出会った人々も，緩和医療科に入院したこと，あるいは死を意識する病いを患うことによって存在について考えさせられていた。自己の存在への問いについて，窪寺（2004）は，自己の在り方を「存在の枠組み」と「自己同一性」という2つの基本要因として捉え，スピリチュアリティとする。村田（1999）は，スピリチュアリティの問題は，人間が時間存在かつ関係存在であるがゆえのものだと述べている。また，スピリチュアリティの問題は，自己存在の究極的かつ根源的な問題でもある。死を意識する病いを患った人々のスピリチュアリティについては，『緩和ケアマニュアル』（淀川キリスト教病院ホスピス，2003）の定義に沿って，①社会存在，②価値存在，②時間存在，という3つの側面から考えることができ

る。病いによって死を意識しながら生きる人々が自己の存在の根源を脅かされるその背景には，疾患の進行に伴い，さまざまな症状や日常生活動作（activities of daily living : ADL）の障害を体験することが大きく関係する（淀川キリスト教病院ホスピス，2003）。

1　社会存在としての問い

　病いの進行とADLの低下は，社会における存在の根拠を大きく揺るがす。社会存在としての自己は2つの視点から考えることができる。1つ目は，就労という社会の中での役割である。がんサバイバーの人々の語りにもみられるように，就労期の人々にとって大きな意味を持つ。疾患の進行に伴って，これまでの仕事をやめざるを得なかったり，入院生活による休職は，社会における自分の在り処を失うことであり，関係としての存在を見失うことである。社会にとっての自己の存在を見失うことは，自分の存在価値を大きく揺さぶるものとなる。

　2つ目は入院中におけるお見舞いである。闘病生活中において，友人，知人，親類がお見舞いにくることは珍しくない。見舞い客は，社会存在としても生と死の間のどのあたりに自分がいるのかを痛感させるものでもある。と同時に，逝く者と遺される者の間を大きく隔てるものでもある。「お見舞いに来てくれた人が来るたびに，がんばってねっていうけれど，これ以上何をがんばれっていうのよね」と，Frank（1995/2002）の「回復の物語（the restitution narrative）」を描くことが難しい状況を改めて知ることとなる。また，来るといっていた人が来ないといった関係の希薄化もあるが，頻繁な見舞い客は自分の死の期限を知らされているように感じる時もある。私が見舞い客について，死に逝く人々に話を向けると，再会のうれしさではなく，自身の死が近づいているのかとびっくりしたと戸惑いが語られることも少なくなかった。見舞い客との関係性によっては，社会存在として間違いなく存在していることを実感す

ることができるだろうが，闘病生活の初期，中期において関係が薄れていた場合には，突然の訪問はあいまいだった関係を逝く者と遺される者とに明確に分け，生と死の間が縮まってきていることを突き付けることとなる。

2　価値存在としての問い

価値存在としての問いも，死に至る病いが持つ身体状況と大きく関係している。病いの進行と共にこれまでできていたことができなくなり，自分に対して持っていた自信や価値を失い，自己に対する認識を変えざるを得なくなる。ある人にとって，この価値存在は家族と共にある中で立ち現れ，その関係性の中で転換していった。妻や母，そして一人の女性として日々を送っていた方は，病いによって四肢の自由を奪われた。入院や四肢の不自由によって，これまで家族の世話をすることで，妻や母として価値ある存在として得ていた実感が崩れてしまった。「する」存在でなくなったことで，その価値を見失った彼女は，身体は動かなくなったけれども，自分が持っている知識や思いを娘や私に伝えることで，その存在を見出していた。また，緩和医療科に入院後も医療従事者の手をできるだけ借りず，洋服を着て過ごしていた女性にとっても，ADLの低下は，自分の生き方やこれまでの価値観の転換を迫るものであった。疼痛も含め，自分の努力や力ではどうにもならないことを含め，日々のちょっとしたことでも他者の手を借りることで，人との繋がりをなるべく希薄化することで保ってきた自分から，他者の関係性の中で自分の存在を感じるという関係性の中に存在を見出せるようになったのである。存在を見出すことは生を見出すことである。また，最後まで自分で動くことにこだわりを見せていたある男性にとっても，身体機能が低下していくことは生の価値がなくなるにも等しいことであった。人の手を煩わせながら生きることは，若くしてこの世を去らなくてはならない彼にとっては，たとえそれが医療従事者であっても簡単には承諾できない

ことであった。「はってでも動いてやる」と語り，多少無理をしたり薬の力を借りながらも身のまわりのことをしていた彼も，入浴介助に応じたりと多少の迷惑をかけても生きていこう＝これも自分の生（存在）だと自分の存在を引き受けるようになった。

3　時間存在としての問い

最後の時間存在としての問いは，自己の存在がこの世から消滅してしまう恐れを感じたり，存在の意味を見失ったり，虚しさや不安である。死ぬ存在である自分がなぜ，いま，ここに在るのか。ある女性は，自分という存在がなぜここにあるのかということを問うた時，祖先と子孫という家族の繋がりにその意味を見出した。戸籍謄本を取り寄せ，自分に受け継がれてきた命の道筋を辿り，また，子孫の中に自分の命が受け継がれていくことに思いをはせる。それは，何か有形なものの中にのみ自分の存在の意義を見出すということではなく，受け継がれてゆく命の中，関係性の中にその存在の意味を確認していた。自分の肉体の存在を超えた過去，現在，未来という雄大な時間の中にその存在を見出したと言える。「死を免れることができない存在である」ことを意識した時，誰もが感じるこの問いは決して一人で解決できうるものではない。この世に生まれることも死ぬことも自分一人の意思では決めることができず，人と共に生きる中でその存在の意味を見出していく人間にとって，その存在の意味を見出すとは関係の中に存在を見ることである。

IV　間を共に生きる

先に見てきたように，緩和医療科に入院する人々の心模様は，身体症状と相まって心の揺れ幅が非常に大きい場所でもある。心の揺れ幅とは，自分を生の側に位置づけるのか，死の側に位置づけるのか，生と死の間のどのあたりに在るのか，決めきれず，その間を行ったり来たりしている。「体調がよくなるってこともあるでしょうし，こ

のまま亡くなるってことも，まぁその時はしょうがないって割り切っていますけども，言葉でいうほど簡単じゃありませんけれどもね」「私はあきらめているところもあるんだけど，でも，まだよくなりたいって思うところもあるの」と死と向き合いながらも生への思いが頭をもたげてくる。ある男性は，午前中に死への覚悟を語り，午後にかつて自身も就いていた建設作業の音を聞くと，身体を治して自分も再び現場に戻りたいとその思いを語った。死と向き合い生きることは，死という一つの方向にブレることなく進むことではない。病いの進行に伴い，社会存在，価値存在，時間存在としての自分の再構築を余儀なくされる中で，遺される者は何を共にすることができるだろうか。死を意識して生きる人々は，その時を共にする人との間で，時に強く生の側に立ち，時に死の側に身を引き寄せられる。遺される者は，死を意識しながら生きる人が，自身の死と向き合い，こころ穏やかに生と死の間を揺れ戻ることなく，進んでいくことを望み，それを支えることが自分たちにできる最良のことだと時に考えてしまう。死を意識しながら生きる人を思うがゆえに，共に在ることよりも生の形を外側から固めてしまい，遺される者と逝く者の間を生きることを難しくする。私たち遺される者ができることは，死を意識しながら生きる人が，生と死の間に在るその様子を遺される者が持つ枠組みや道筋に引き戻すのではなく，その間をただ共に在ることである。

　死に逝く人の生と死の間を揺れ動く，その中心は振れ幅が大きいようにみえて，少しずつ生と死を縮めている。遺される者ができることは，向かう方向を確実に照らし出すのではなく，間を共に生き，行き先を見守ることである。

Ⅴ　さいごに

　Fromm（1976/1977）は人間には「あること」と「もつこと」という2つの基本的な存在様式があると説く。私たちは「ただある」存在であった

乳幼児期から，身体能力をはじめとして多くのことを「獲得」し，他者との能力の違いを実感し，また他者に何かを「する」ものとしてその存在を実感してきた。本稿でみてきたように，死に逝く過程においては，「する」ことから「ただあること」へ，そして，「獲得」から「分かち持つこと」へとその存在は転じていくのである。「分かち持つ」とは，自分が他者との関係を生きる中で，身につけてきた知恵を有形・無形の形で後進に伝えていくことであり，また自分の依拠する価値観や生き方から「今，ここ」に共にある人との関係の中でそれを再構築していくことである。このことは，能力をはじめとするさまざまなものを「獲得」することによって生まれる他者との相異によって自己の存在を際立たせることから，自分と他者を融合させることでその存在の意義を確かめるという間の捉え方の転換でもある。

　死を意識しながら生きるその過程において，再び生きて在るということは，生と死の間にある自身の存在のあいまいさ，危うさを他者との間で感じる一方で，その間を共に生きることで，あらたに在ることの意味を見出すことである。

▶ 文献

千葉大学大学院看護学研究科（2012）エンド・オブ・ライフの考え方（https://www.n.chiba-u.jp/eolc/opinion/ ［2021年9月20日閲覧］）.

Frank AW（1995）The Wounded Storyteller. Chicago : University of Chicago Press.（鈴木智之 訳（2002）傷ついた物語の語り手―身体・病い・倫理. ゆみる出版）

Fromm E（1976）To Have or to Be?. New York : Harper & Row.（佐野哲郎 訳（1977）生きるということ. 紀伊國屋書店）

近藤恵（2010）関係発達論から捉える死. 風間書房.

窪寺俊之（2004）スピリチュアルケア序説. 三輪書店.

村田久行（1999）医療者のできる〈スピリチュアルケア〉への一指針. Quality Nursing 5-6 ; 449-457.

淀川キリスト教病院ホスピス 編（2003）緩和ケアマニュアル―ターミナルケアマニュアル 改訂第4版. 最新医学社.

[特集] 喪失・悲嘆──存在と不在の「あいだ」で回復を求めて

「わが子が欲しい」という不妊治療をめぐる喪失・悲嘆

不妊治療・出生前診断

増田健太郎 Kentaro Masuda

九州大学

I　不妊治療を取り巻く現状

新型コロナウイルス感染症の拡大に伴い，人と人との距離は遠くなり，医療においても大きなダメージを受けている。妊娠・出産においても，婚姻数の減少や妊娠中の新型コロナウイルス感染症にかかる不安から妊活を控えたり，不妊治療の開始を遅らせたりすることも起こっている。日本の課題である少子化に拍車をかけている状況といえる。日本の 2019 年の出生率は 1.36 であり，政府が掲げた「希望出生率 1.8」の到達はますます困難になりつつある。

近年，ライフスタイルの多様化（結婚する／しない自由，家庭ではなく働くことに生きがいを見つけるなど）や女性の社会進出に伴う経済的理由から，未婚率の増加と晩婚化が進んでいる。平成 27（2015）年度の人口動態調査では，初婚年齢は男性が 31.1 歳，女性が 29.4 歳である。また，女性の第一子出産時の平均年齢は 30.7 歳である。

不妊症とは「妊娠を望む健康な男女が避妊をしないで性交をしているにもかかわらず一定期間妊娠しない／一定の期間については 1 年間というのが一般的である」（日本産婦人科学会）と定義されている。不妊症の原因は，女性約 4 割，男性約

3 割，男女双方が約 2 割，原因不明が約 1 割である。不妊治療は 6 組に 1 組のカップルが受けていると言われており，体外受精の新生児は 5.6 万人いる。不妊治療の保険適用拡大というニュースもあり，社会的関心も高まっている。

厚生労働省（2021）は，令和 2（2020）年度に不妊症の保険適用拡大のために初めての全国調査（医療機関・不妊症治療の当事者・一般）を行った。当事者調査（$n=1636$）の回答者は，不妊治療を開始してから妊娠・出産により不妊治療を終了した人が 55.8%，不妊治療中が 44.2%，不妊治療を開始してから妊娠したが，流産・死産等により出産に至らずに不妊治療を終了した人が 5.1% である。本調査によれば，医療機関の受診開始年齢の平均 32.5 歳であった。

高度生殖医療の発達による卵子や精子凍結による妊娠，卵子・精子とも他人のものによる代理母出産，また，出生前診断による生命倫理に関わる問題等々が複層的に絡み合っている。不妊治療における臨床心理の関わりについては，①不妊治療前，②不妊治療中，③不妊治療後，という 3 つのフェーズで心理的支援が必要とされる。①不妊治療前は不妊治療を受ける際の心構えなどの研修や不妊検査を受ける際の心理的不安を受け止めるこ

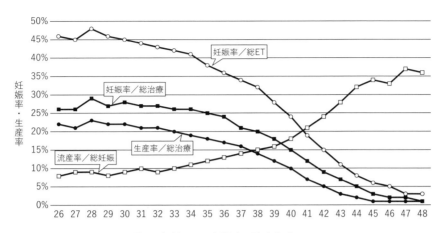

図 1　年齢による妊娠率・流産率グラフ
日本産科婦人科学会全国集計（2018 年）妊娠率／生産率／流産率

と，②不妊治療中はどのような不妊治療を受けるのかという心理的サポートや流産・死産などの喪失の問題，そして，どこまでで不妊治療をあきらめるのかという心理的葛藤のサポート，「産みたいのか，子どもを育てたいのか」の心の整理を行うこと，うつ病などの心の病を抱えた場合の心理的支援や精神科などの紹介，不妊治療と仕事の両立の支援，経済的支援のための情報提供，③不妊治療を終えて出産した場合は，育児ストレス，そして，発達障害児などであった場合の養育方法のサポート，挙児が得られず断念した場合には，特別養子縁組や里親の情報提供などがある。

　図 1 は妊娠率と生産率（挙児を得たケース）と流産率の割合である。妊娠率は 30 歳前後から下降線をたどり，35 歳から大きく下がっていく。妊娠率低下の原因は加齢による卵子の質と量の低下と女性の身体的老化である。加齢によって，染色体異常と流産率が高くなり，流産は 40 歳で約 35％となると言われている。また，男性も 30 歳ぐらいから精液の所見（精子数・運動率の低下）が悪くなり，体外受精の成功率や流産率も高くなると指摘されている。

　初婚年齢が男女とも 30 歳を超えているということは，生物学的に妊孕率は下降線に入ってから妊活に入ることになり，自然妊娠の確率は減り，

不妊治療を受けることになる。一方で，流産率は 30 歳から上昇傾向にあり，初婚年齢が上がっている現状においては，不妊治療を受ける人はますます増加するであろう。不妊検査の結果，自分に不妊の原因があることによる喪失感，流産・死産による悲嘆が増し，長年の治療にもかかわらず，子どもを授からなかった夫婦も増加することが予想される。

II　不妊治療の開始から終結の流れと心理的介入

　不妊治療の開始から終結への流れについて図 2 をもとに説明したい。結婚すると誰しも自然妊娠するものだという幻想がある。これは，学校教育で妊娠・不妊の教育が十分でないことが要因のひとつでもある。

　自然妊娠をしない場合，産婦人科などで不妊検査を受ける。夫も産婦人科での不妊検査は可能である。不妊の原因がわかれば，夫婦ともに不妊の原因の治療を受ける。その後は性交の時期を調整するタイミング指導が中心であるが，タイミング指導で妊娠しない場合は次のステップに移る。このステップでの心理的介入は，夫婦間の「子どもが欲しい」という思いの調整，不妊の原因が自分にあるという罪責感をしっかりと聴き，不妊治療への動機付けを高め，医師が提案する高度生殖医

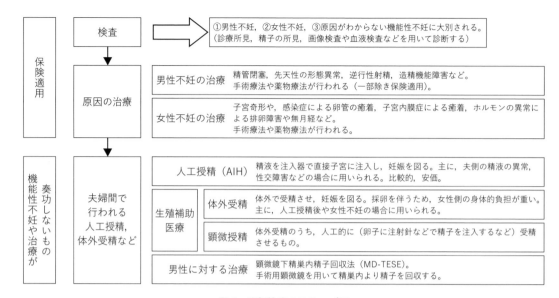

図2　不妊治療のステップ図
厚生労働省 不妊治療と仕事の両立サポートハンドブック（令和元（2019）年）

療の選択肢を，身体的・心理的負荷，家族の合意，経済的負担を聴いて整理することである。通院の負担，職場の無理解，仕事との両立，不妊治療による身体的痛み，不妊治療は時間がかかり数回で終わらない場合もあることなど，不妊治療にかかる心理的負担を共有しておくことが求められる。また，人の子どもの姿や写真を見るたびに落ち込むこともある。

　人工授精・体外受精・顕微授精を行っても受精卵が着床しなかったり，流産したりすることも少なくない。着床すれば喜び，流産すれば悲嘆にくれる，その喜びと悲嘆が繰り返される。また，不妊治療を継続することで，身体的負荷もかかる。ネットでは不妊治療に関する情報が錯綜しており，心理的負担が増すこともある。加齢という生物学的タイムリミットのなかでどのような治療法を選択するかという心理的支援も必要である。

　一番難しいフェーズは，不妊治療をあきらめるタイミングである。長年不妊治療を続けてきた当事者は，心理的・身体的・経済的・時間的コストを不妊治療に費やしてきている。また，不妊治療を始め，いつか「わが子」と出会えるという希望をもち，不妊治療者というアイデンティティを

持っている。不妊治療をやめることは，希望を捨てることであり，アイデンティティの喪失でもある。どのように「健全にあきらめる」ことができるのか，そして，特別養子縁組をするのか，里親になるのか，夫婦二人で生きていく選択をするのかなど，次のステップに移るための心理的介入が求められる。また，不妊治療当事者というアイデンティティを喪失しないために，「不妊治療を休む」という選択を促す場合もある。

III　事例から考える当事者の苦悩

　不妊カウンセリングは，夫婦，妻のみ，夫のみと，クライアントは3種であり，生命倫理の問題や，他のカウンセリングにはない悲嘆や葛藤がある。2つの事例を通して，クライアントの苦悩を紹介したい（なお，事例は特定されないように背景などを変えている）。

事例1——血縁にこだわる夫と両親との葛藤
　夫婦で来談（夫40歳・妻36歳・結婚3年目）。
　自然妊娠がないために，産婦人科で夫婦ともに不妊の検査を行った。夫の実家が，代々受け継がれている商売をしているため，夫の両親が血縁の孫を

欲しがっている。年齢も高くなっているので，夫婦ともに，不妊検査を受けた。その結果，妻は異常がなかったが，夫は無精子症であることがわかった。不妊の原因は女性にあると思っていた夫はかなりのショックを受けていた。MD-TESE（図2参照）という精子の原細胞を取り出す手術を受けることになったが，結果的に精子の原細胞を取り出すことはできなかった。夫は男性としてのアイデンティティを喪失した感覚と血縁にこだわる両親のプレッシャーから，一時的に抑うつ症状になった。血縁にこだわる夫の両親は，父や兄の精子で人工授精をすることを勧めた（第三者による精子提供は，挙児が成長して生物学的父親を知りたいと考えた時に教えることが求められる「出自を知る権利」が保障されるようになってから，ドナー（精子提供）が減ったことにより，かなり難しくなってきている）。さらに夫が精神的に立ち直ってきたときに夫婦で話をして，「自分たちの子どもを産みたいのか，子どもを育てたいのか」という夫婦の根底にある問いを考えることになった。元来子どもが好きであった夫婦は，血縁にこだわる夫の両親を説得し，特別養子縁組を選択することになった。

この事例は，無精子症による男性性の喪失感，血縁にこだわる夫の両親との葛藤，子どもを産みたいのか育てたいのかという「わが子」への根底的な思いの中で，揺れ動く夫婦に対してその気持ちを聴きながら，これからの生き方の選択を共に考えていった事例である。

事例2——出生前検査に苦悩する夫婦

妻のみ来談（妻36歳・夫40歳・結婚4年目）。
夫には不妊治療を受けることは内緒で妻のみが来談。夫婦ともに子どもが欲しいと思っているが，なかなか妊娠せず，不妊の検査を受けたが問題はなかったという。夫は経済的に安定しておらず，妻は自分が働く必要がある。夫にも検査を受けてほしいが，なかなか言い出せないでいる。どのような不妊治療があるのか，今後，どのようにしたらよいのか不安になっている。また，不妊治療の費用も心配であるとのことだった。夫とも今回の結果を話し，二人とも子どもが欲しいのであれば，夫の検査も必要

であること，経済的支援は，妻と夫の原家族にも不妊治療の話をして，経済的なサポートを受けられるか話をすることを勧めて，初回面接を終えた。2カ月後，夫も不妊検査を受け，異常がなかったこと，妻の両親から経済的にサポートしてもらうことで，不妊治療を進めることになった。

タイミング療法では妊娠せず，半年後に，顕微授精をすることになった。その後，無事に着床し，勤務しながら診察を受けることになった。この時期，仕事が多忙であったこと，職場の配慮がなかったこと，夫の職業が変わったことなどから精神的に不安定な状態になった。14週目，突然の出血により，流産となった。その時は，かなり精神的に落ち込み，不妊治療を一時中断し，体力がもどってから，不妊治療を行うことになった。

その後，再び顕微授精を行ったのは妻が38歳の時だった。高齢出産となるため，「念のために出生前検査を受けたい」とのことだった。本来は遺伝カウンセリングを受けてから出生前検査が行われるべきだが，遺伝カウンセラーが見つからず，産婦人科医と看護師と相談し，医学的な説明を受けた上で，母体血清マーカー検査を受けた。判定は「陽性」だった。「子どもは産みたい」「出産時は39歳になり，挙児が障害児の可能性がある」「今回中絶すれば，次に妊娠する可能性は低くなる」「仕事との両立ができるのか」「羊水で検査をする確定診断を受けるべきか」「中絶ができる22週目が近づいている」など，夫婦とも，葛藤の渦中にあった。一度，流産で苦しんだ経験もある。夫婦は悩んだ末，羊水検査を受けないことにした。そして，無事に女児を出産することができた。

この事例は，不妊治療は生物学的リミット・経済的リミットの問題，そして，科学の進歩によってもたらされた出生前検査という新たな医学と生命倫理も包摂していることを示している。

IV　不妊カウンセリングに求められること

不妊カウンセリングには，臨床心理のカウンセリングの知識やスキルとともに，高度生殖医療と特別養子縁組や里親など社会的養護の知識が求められる。

不妊治療に関しては，切れ目のない心理的支援が求められており，日本不妊カウンセリング学会が不妊カウンセラーの資格を認定しているが，看護師・保健師・助産師・鍼灸師などが多く，臨床心理士・公認心理師資格を持っているカウンセラーはごく少数である。わが子を持ちたいという希望を持つ不妊の当事者は，不妊検査で不妊症の原因が自分にある場合，自責感と喪失感を抱き，また，不妊治療の際には流産・死産という喪失感，自分の子どもを持つことをあきらめるという絶望感を負うことがある。高度生殖医療の発展とともに，不妊治療の選択肢の増加，出生前検査で流産を繰り返すことや遺伝に関わる障害や病気を持った子どもが生まれることを事前に知ることができるようになり，出産か中絶かを迫られるなど，心理的葛藤の場が数多くある。

今後は，出生前診断の相談を担う遺伝カウンセラーの育成とともに，不妊カウンセリングができる臨床心理士・公認心理師の養成が急務である。

▶ 文献

藤原敏博，高柳明音（2018）不妊のトリセツ．あさ出版．

厚生労働省（2021）不妊治療の実態に関する調査研究　最終報告書（https://www.mhlw.go.jp/content/000766912.pdf［2021年3月28日閲覧］）．

辰巳賢一（2013）不妊治療がわかる本．日本文芸社．

吉村泰典 監修（2014）生殖医療ポケットマニュアル．医学書院．

🗨️ [特集] 喪失・悲嘆──存在と不在の「あいだ」で回復を求めて

虐待による一時保護，施設入所とあいまいな喪失

川﨑二三彦 Fumihiko Kawasaki

子どもの虹情報研修センター

I　言葉探し

NHK で長く「クローズアップ現代」のキャスターを務めていた国谷裕子は，番組終了後に著した『キャスターという仕事』（国谷，2017）で，次のように述べている。

「現代社会の複雑な断面を取り上げる〈クローズアップ現代〉のキャスターにとって，社会のなかで起きている新しい出来事を新しい言葉により定義して使用したり，使い慣れた言葉に新しい意味を与えることで，多様化している視聴者に共通の認識の場を提供していくことは，重要でとても大切な役割だ。
新しい事象に『言葉』が与えられることで，それまで光が当てられずにきた課題が，広く社会問題として認識され，その解決策の模索が急速に進むということがある」

具体的な例として，犯罪被害者たちが十分な支援を受けられずにいる実態を，「犯罪被害者」という言葉を掲げて繰り返し取り上げたことが，その後の刑事裁判制度の見直しにある程度の貢献を果たしたと，彼女は述懐している。

なるほどと思いながらも何気なく読み飛ばしていた本書だが，Pauline Boss が提唱した「あいまいな喪失」という言葉に出会った瞬間，私の脳裏には，30 年以上前に出会った一人の中学生のことが，まざまざと蘇ったのであった。

II　新任児童福祉司

「児童相談所は何してるんだ?!　話し合うなどという時期はとっくに過ぎている‼」

4 月中旬，初めて児童福祉司となって新しい職場に赴任した日，中学校長から相談課長に宛てて，こんな電話が入った。

「このケース，君が担当することになるから目を通しておいてくれ」

赴任の挨拶もそこそこに，課長から渡されたのは，浅江欣司（仮名）と書かれた分厚い児童記録票。読むと次のような記録が目に飛び込んできた。

- ライターで焦がした 10 円玉や，溶かして熱くなったチョコレートを友だちの顔や首筋に押しつける，口論していて相手の顔面を殴るなど，級友への暴力沙汰を頻繁に起こす。
- 教師の胸ぐらを掴み髪を引っ張る，注意すると逆に背中を蹴ったり腹を殴ったりする。
- 教室の窓ガラスを割ったり金属製の定規を投げつけたりして，まともに授業を受けない。

● 喫煙は常習化，夜間も友人と徘徊している。

　3月下旬，生徒指導担当教師が，前任の児童福祉司に連絡してきた内容だ。

　実は欣司は，3歳で児童養護施設に入所し，中学3年になったこのときも，同じ施設で生活していた。児童相談所は施設と連絡を取り合い，対応について協議していたのだが，それを待てず，しびれを切らした校長が直接電話してきたのであろう。

　赴任の翌々日，私は欣司と面接した。会ってみると，そこには学校や施設で無法の限りを尽くしているなど想像もできない貧しそうな少年しか発見できないのであった。

　「今，君を取り巻いている状況には厳しいものがあるけれど，これからのことは一緒に考えていくつもりだからね」

　こう伝えたものの，私は彼に何らのチャンスも与えられないまま，児童自立支援施設へ措置変更せざるを得なかった。ここでは，本件にかかるソーシャルワーク上の問題は割愛するが，入所に向けた一時保護のために欣司を連れてきた指導員もつらかったのであろう，こんなことを言う。

　「欣司には"施設を変更する"ということがきちんと話せてないんです。来る道中，大変厳しい状況だとは説明したんですが……」

　私が措置変更の決定を伝えると，欣司はじっとうつむいたまま，畳の上に落ちる大粒の涙を拭おうともせず，黙って身体を震わせるばかりであった。

　「お父さんの名前は知ってるかい？」

　「知らん」

　驚いたことに，彼は自分を産んでくれた父母の名前を知らないという。

　「ここに大切なことが書いてあるから」

　ショックを受けながらも私は，父母の正確な名前を教え，それらを証明する書類を手渡したのであった。

III　さよならのない別れ

　さて，欣司が施設に入所した経過，その後の家族との関係を簡単に振り返ってみよう。

　「夫と離婚して欣司を育てているが，就労のため養育できない」

　こんな母の訴えで，3歳の欣司は施設に入所した。だが，その直後に父が現れる。

　「母の話はでたらめです。勝手に離婚届を出して家出したもので，親権は母となっていますが，私が欣司を引き取ります」

　父母の話が合わない。結果として引き取りは頓挫し，父母いずれの面会も皆無となった。

　そして6年後，突然母が電話してきた。

　「その後再婚して，再び離婚しました。病気がちで，今は人の世話になっています。欣司を引き取りたいんです」

　母と欣司は電話口で何度か言葉を交わしたが，母は居場所も明かさないまま一方的に連絡を絶ってしまう。

　他方の父。やはり再婚していて子どもも生まれていた。

　「母親（前妻）が引き取っているとばかり思っていました。今の妻も引き取っていいと言ってくれます」

　施設に入所して9年，中学生になっていた欣司は，初めて父の元に帰省したのであった。ところが，その父も離婚し，引き取りの話は沙汰止みになる。

　「帰省が難しいなら，せめて面会に来ていただけないでしょうか」

　父が施設の依頼に応じることはなく，連絡も途絶えてしまったのであった。

　児童自立支援施設への措置変更を準備しながらこうした経過を確認しているうち，私の口からは自然とため息が漏れる。

　「欣司の荒れた行動の背景には，母ばかりか，9年ぶりに出会い，帰省もした父とその家族への憧れや期待までもが，いとも簡単に裏切られた経過が関係しているのではないか」

Boss（ボス，2015）は，「あいまいな喪失」について，心理的には存在しているのに身体的には存在していない場合と，心理的には存在していないのに身体的には存在している場合の2つのタイプがあると言う。前者は，いわば「さよならのない別れ」であり，後者は「別れのないさよなら」だ。

ならば欣司は，「別れのないさよなら」を繰り返してきたというしかあるまい。

IV　届かぬ「お悔やみカード」

ところで，「あいまいな喪失」について，Bossは次のように述べる。

「私の理論的前提として，あいまいな喪失は，喪失のなかでも一番ストレスが高い種類だという思いが基本にあります。あいまいな喪失はあいまいさにけりをつけるという決心を拒み続け，その夫婦・家族のなかに誰がいる・いないということに関して長期にわたる混乱をもたらします。死亡の場合には公式の死亡証明書があり，その後の喪の儀式でさようならを言う機会があります。しかし，あいまいな喪失の場合はそのような公（おおやけ）の形は存在しません。あいまいさはしつこいほどに認識，対処，意味構築を阻み，悲嘆のプロセスを凍結します」

「あいまいな喪失は本質的にトラウマ的なものなのです。なぜならば，状況をどうにも解決することができないということが，心理的な痛み，混乱，ショック，苦痛そして機能の停止を引き起こすからです。終結がないために，この独特なあいまいな喪失のトラウマは慢性的なものになってしまいます」

「（あいまいな喪失では）誰もお悔やみのカードカードは送りません」とBossは言う。まことに象徴的な表現であろう。

欣司のような施設入所の事例を，Bossが想定していたかどうかはわからないが，私はこれらの指摘を深くうなずいて読んだ。そして，欣司が抱えざるを得なかったストレスがどれほど深刻であったのかを，今さらながら思い知らされたのである。

V　安全の確保

それにしても，欣司のエピソードは30年以上も前のことだ。時代を現代に戻そう。

昨今，児童虐待対応件数が増加の一途をたどり，深刻な虐待死事例も後を絶たない。特に，2018年に東京都目黒区で発生した5歳女児の死亡事例や，2019年千葉県野田市の小学生の死亡事例は，社会的にも高い関心を呼び，政府は，「児童虐待防止対策に関する関係閣僚会議」を開催して緊急総合対策等を発出するなど，対応に追われることとなった。なかでも，子どもの安全確保を最優先とすることが強調され，次のように謳われた。

「保護者が虐待を認めない場合，家庭訪問や子どもと会うことを拒む場合や転居を繰り返す等関係機関との関わりを避ける場合等はリスクが高いものと認識すること。この際，躊躇なく一時保護，立入調査を行う等的確な対応をとること」

「（一時保護解除後）リスクが高まった場合には，それまでの援助関係にとらわれず，子どもの安全を第一に，必要に応じて躊躇なく再度一時保護等を行うことや，積極的に児童福祉司指導等の指導措置を行うこと」

児童虐待は，前途ある子どもの命にも直結する重大な問題であり，安全の確保は，何よりもまず留意されなければならない。

だが……

VI　職権による保護

こんな事例があった。室内にはゴミ袋が積み上げられ，洗濯機の上には洗濯物が山積みの状態。大変なネグレクト家庭だった。ここで暮らす中3の兄と中1の妹は登校も渋りがち，妹は室内の悪臭を隠すために消臭剤を多用し，兄は進路の見通しも立っていない。

学校が児童相談所に通告し，2人ともが登校する可能性が高い日を選んで，一時保護することになった。児童相談所は，事前に兄妹と面談して一

時保護の方向も匂わせていたが，あらかじめ実施予定日を伝えた場合，保護者に知られて欠席するなど，保護できなくなるおそれがある。そこで，当日学校を訪問して兄妹に一時保護の決定を伝え，そのまま一時保護所に導入した。

両親にも来てもらって説明したが，父は一時保護決定通知書を破り捨て，母は泣いて悲しむ。その状況から，面会を認めれば保護に支障を来すと判断し，面会は認めなかった。

一方の子どもたち。兄は居室にこもって沈みがち，妹は無断外出を試みる。

「熟慮の末に職権で保護した子どもが自宅に帰れば元の木阿弥，改善はおぼつかない」

そう考えて職員が後を追ってみると，妹は自宅ではなくクラスメートの家を訪ねようとしたことがわかった。

なお，本事例は，その後児童福祉法28条による家庭裁判所への申立てが認められて児童養護施設入所となったが，このような例は，決して珍しいことではない。現在の法制度では，それ以外の方法で子どもの安全を確保することが難しいからである。私自身，児童相談所で勤務していたときには，児童虐待防止法第9条の立入調査によって家庭内から直接子どもを保護したり，家庭裁判所への申立てによる施設入所の措置などをしばしば経験した。しかし考えてみると，これらは明らかに親子双方ともが「別れのないさよなら」を余儀なくされていると言わざるを得ない。

VII　これからの児童虐待対策

児童虐待が社会問題となり，唯一児童相談所だけが子どもの保護権限を持つことが知られるようになると，重大事件が起きるたびに，児童相談所は適切な保護を怠ったとして厳しい批判にさらされた。そのため子どもを保護することができれば，あるいは家庭裁判所への申立てが承認されれば，子どもの安全が守られたとして一安心したことが，私自身なかったとは言えない。

だが，「あいまいな喪失」という言葉を知った今，

それで済ませるわけにはいかない。

しかも，こうした「別れのないさよなら」が，家族の行動によって生じたのではなく，児童相談所が自ら選択し，実行した結果として生まれている点は，他にない特徴として留意しなければなるまい。

誤解なきよう付け加えれば，こうして子どもの安全を確保するための介入，職権による一時保護や家庭裁判所への申立てを否定しているのでは，もちろんない。Bossは，あいまいさをなくすのではなく，「人々がどうやったらあいまいさとともに生きていけるか」を研究目的にしたと述べているが，要は，児童虐待対策においては，安全の確保は最初の一歩であり，私たちは「あいまいな喪失」を十分ふまえたうえで，分離，保護した子どもや家族を，より深く支援していくことであろう。

VIII　追記

ここで紹介した2つの事例のその後について補足しておきたい。

中学生の兄妹については，施設への移送の日，学校の協力を得て友人たちに集まってもらい，別れの挨拶の場を設けることができた。ただし，妹は施設でもしばらくは落ち着かぬ日々を過ごしたと聞いている。兄は，施設の努力もあって無事高校入学を果たした。

「うちに居ては，高校なんか無理だった」

父はこの知らせを聞いて，ようやく施設入所に理解を示し，親子の交流が進むこととなった。

欣司は高校入試に失敗し，児童自立支援施設の紹介で住み込み就職した先も，人間関係がもとで退職。他県で働くことになり，仕事は真面目にこなしたが，何かと面倒を見てくれた職員寮の管理人とぶつかって再び退職を希望した。措置解除してはいたが，私は施設職員とともに職場に出向いて話を聞いた。彼はしかし，以後の住まいも就労先も告げず退職してしまった。

実は私は，その後もう一度，彼と出会ってい

る。他県で事件を起こし，担当の家庭裁判所調査官が，過去の経緯を知りたいと連絡してきたことから，少年鑑別所で面会したのである。彼の生育史を知った調査官は父と連絡を取り，父が都合をつけて面会にやって来たと聞いている。

　なお，紆余曲折を経て，欣司は児童養護施設の近くに居をかまえたはずである。

　（プライバシーに配慮し，事例は一部改変している）

▶ 文献

川﨑二三彦（2000）子どものためのソーシャルワーク②―非行．明石書店．

国谷裕子（2017）キャスターという仕事．岩波書店［岩波新書］

ポーリン・ボス［中島聡美，石井千賀子 監訳］（2015）あいまいな喪失とトラウマからの回復―家族とコミュニティのレジリエンス．誠信書房．

[特集] 喪失・悲嘆——存在と不在の「あいだ」で回復を求めて

ふたつの親子関係の中を生きる子ども

面会交流

町田隆司 Ryuji Machida

東京家庭裁判所

I　はじめに

あらゆる喪失・悲嘆感の中で，自分の愛する親や子どもとの離別を強いられることは，最も大きなストレスのひとつであろう。もう15年ほど前，ある父親は，離婚調停の席で，「自分の生身のからだを，無理やり引き裂かれる感覚」と表現し，「衝動的に子どもの写真を全て焼いた」と身体を震わせながら語っていた。筆者は，そのお子さん（当時6歳）の声を聴く機会がなかったが，DVや虐待事案ではなく，親子関係も良好だったため，お子さんも同様の喪失感を抱いたのではないかと思う。突然，親のひとりがいなくなり，以後，その事実を聞いたり口にしたりしてはならず，新しい環境に慣れるように強いられるなど，強いストレスがかかったのではないだろうか。そして，お子さんはそれをどのように乗り越えたであろうか。

夫婦関係が破綻し，離婚となると，未成年の子どもは，父母どちらかに引き取られる。その際，どちらかの親が親権者となり，もう一方は「親権者ではない親」となる。親権者（多くは監護親）からは，「子どもが混乱しないように，本当のことは言わない。子どもが会いたいと言うようになったら会わせる」といった言葉をよく聞くが，

はたしてどうだろうか。子どもからすると，非親権者は記憶に残っているのに「親ではない」という矛盾したものとなり，それを受け入れることを強いられる。筆者の私見だが，「知らぬが仏」は大人の論理であり，全ての子どもに通用するとは限らない。DV・被虐待事案等は別として，子どもは，本来「事実関係を隠されたまま」親の喪失を経験するよりも，「年齢や発達に応じ，事実関係を告げられたうえで，別れた親との交流（面会交流）を維持する」ことで，喪失感を和らげることのほうが望ましい。面会交流とは，離婚や別居で直接監護養育を受ける関係ではなくなった親子でも，定期的に会い交流を維持する取り組みである。子どもは，言葉にできなくても，現実を見ている。

本稿では，以上の前提のもと，子どもの視線から見た離婚後の親子関係を中心に見ていきたい。

II　離婚後の親子関係の実態

まず，離婚後の別居親と子の関係は，どのようなパターンが多いのだろうか。統計や調査研究の数字を追ってみたい。

2021年3月，公益社団法人商事法務研究会がまとめた，未成年時に親の離婚を経験した1,000

人のアンケート調査（公益社団法人商事法務研究会，2021）によると，「別居親といつでも連絡できた子は35.8%，同居親を通じて連絡できる子は16.3%だが，自由に連絡をとれない子は19.5%，また，連絡をとりたくない子は28.4%であった。（中略）面会交流の取り決めがあるのは12.2%，取り決めなしは51.4%であった。子どもの気持ちとして，会いたくないは20.1%，気が向いたときに会えればいいは17.9%，あまり会いたくないは12.1%と，面会交流に消極的な子も少なくなかったが，26.1%は面会交流をしたかった」（一部要約）と答えていた。大石（2021）は，2012年から2018年までに5回行われた「子育て世帯全国調査」の結果から，離婚時の面会交流の協議を定めた2012年の民法改正は，「父子交流の意思決定を促進する効果をもつ半面，交流頻度の増加には（まだ）影響を及ぼしていない」と結論づけている。さらに，この原因特徴として，離婚後，子どもを引き取った母親は，祖父母らの支援を受けることが多いため，「（離別した）父親とのアタッチメント形成の重要性を，（母親が）意識しないことも考えられる」と指摘している。

　また，裁判所の司法統計年報を見ると，別居中または離婚後，非監護親や非親権者が未成年者との面会交流を求めた調停新受件数は，離婚調停件数が減少しているなか，2014（平成26）年の11,321件から，2019（令和元）年は13,533件に増加した。この数字を見ると5年間で約2割増えたことになり，面会交流への関心が徐々に高まっているといえよう。

III　家庭裁判所に面会交流が持ち込まれたときの考え方

　会いたくないのに会わなければならないのは苦痛だが，会いたいのに会えないのも苦痛である。いずれにしても，離婚や別居により苦痛を抱えたままの別れになると，それは子どもにとって，重いこころの傷になりかねない。かつてDVや虐待など親子関係に問題があり，面会交流が子

どもにとってトラウマを再燃させるような場合は論外だが，通常は離別がこころの傷にならないように，面会交流その他の措置をとることが望ましいとされている。さまざまな先行研究（例えば，Wallerstein & Lewis（2004）など）にあるように，精神的に未成熟な子どもであれば，喪失の影響はなおさら甚大なものとなる。本来，親子間のアタッチメント形成は，子どもが幼少であればあるほど必要不可欠である。父母間の葛藤に巻き込まれるのは確かに問題だが，「親は離婚しているが，両親に育てられた」という感覚を持てるのは重要なことである。親の離婚とそれにともなう喪失感は，非常に大きなストレスだが，面会交流はそれを補うものとなりうる。

　家庭裁判所では，面会交流の申立てがあると，「子の福祉」の観点から，調停や審判を進める（細矢ほか，2012）。決して，面会交流実施という結論が先にあるわけではない。まずは，かつての同居時，虐待や監護拒否などの問題がなかったかを確認することになる。ケースによっては家庭裁判所調査官が，調査面接または調停に立ち会う中で，①子どもと親それぞれの状況，②親子関係の状況，③親同士の葛藤状況，そして，④面会交流に対する子ども自身の意向や心情，⑤面会交流を実施しない／した場合に想定される子どもへの影響と効果などを聴取し，行動科学的な視点から助言する。すなわち，過去から現在の①②③をふまえ，子どもの希望④を確認したうえで，子どもへの影響と効果⑤を検討することになる。特に，④「子ども自身の意向や心情」を調査するときは，子どもの年齢や発達に応じた接し方を工夫し，子どもが語ったことのみならず，語らなかった事情背景や理由をも考慮して，結論を調停や審判にフィードバックする。子どもは，現在，監護してくれている親に気を使い，必要以上に過剰な発言をしかねず，嘘をつくことさえもありうる。子どもの意見を聞くときは，子どもに，年齢に応じた適切な情報が伝えられている必要がある。

　ところで，面会交流を行う大前提は，既述の通

り「子の福祉」とされている。面会交流を行う意義は，離婚後の新しい環境への子の適応を促すことであり，具体的には，父母双方が自分に向ける愛情を確認し，最小限のストレスで苦難を乗り越えていくことである。しかし，何をもって「子の福祉」とするかは，人それぞれ考え方が異なることがある。「子どもとの関係を保ちたいので，面会交流は週3回」と積極的な発言をする親がいる一方，「子どもが混乱しないよう，面会交流はなるべく少なく」と消極的に臨む親もいる。「子の福祉」という概念が，抽象的かつ曖昧で，理想論的であるがゆえに，恣意的な解釈をしやすいためであろう。筆者は，離婚調停に立会うときなどは，「子の福祉」という言葉を避け，双方に「面会交流や養育費などを通して，あなた方の新たな親子関係を作ってください」と伝えることにしている。子の福祉は，大目標ではあるが，誤解もされやすいため，むしろ長期的な視点に立ち，子どもが成長し，5年・10年後の親子関係をイメージしてもらうのが鍵であると考えている。

IV　子どもの意向と心情の再考

　ここで，近親者との離別から子どもに生じる悲哀と喪失を，心理学的次元から述べてみたい。実は，すでに今から100年以上前，Freud S が，関係する論文を書いている。それは現在でも十分に通用すると思われるので，紹介したい。彼は「喪とメランコリー」(Freud, 1917) で，悲哀（喪：mourning）を「愛する対象を失ったときの反応」とし，「深刻な苦痛に満ちた不機嫌，外界に対する興味の放棄，愛する能力の喪失，あらゆる行動の制止と自責や自嘲の形をとる自我感情の低下」を特徴とするメランコリー（melancholy）と区別した。さらに，「快原理の彼岸」(Freud, 1920)では，1歳半の孫がやってみせた，糸巻きを投げては手繰り寄せる遊び（日本流にいうと「いないいないばあ」遊び）を観察し分析した。Freud の孫は，愛着対象（親）の不在という苦痛を，遊びにより快に代えていた。対象喪失（例えば親の不在や死）

は，時に深刻なメランコリーとなり，その対象に対する怒り・憎しみ・罪障感その他の複雑な感情を生じる。それは精神的退行や自己処罰（自傷や自殺），分離不安，うつ病などをもたらしかねない。愛着対象の喪失は，Freud 以後の研究者（Bowlby J や Fonagy P など）に引き継がれている。深刻なメランコリーを回避するには，悲嘆を悲嘆として正面からゆっくりと向かい合うことも必要である。離婚の離別にともなう悲嘆や喪失感も全く同様であろう。高葛藤下の監護親は，面会交流で子どもが傷つくことを気にするあまり，非監護親との交流に消極的になりやすい。子どもに生じたメランコリーに気づきにくく，監護の問題として自分が非難されるのを恐れ，それを表に出したがらない。「今さら非監護親に頼る必要はない。だから会わせる必要もない」と考えてしまう。結果的に子どもは，これらの状況から，喪失感を増悪させてしまう。メランコリーの傷は深く，長じてからも深刻な後遺症的な問題(うつや不安障害など)を生じかねない。

　通常，両親双方は，自身の感情を子どもに投げかけ，「子どもも自分と同じように感じ考えている」と意識する（投影）。子どもも「（監護親と）同じように感じてよかった」と意識する（投影同一視）ことが多い。ただ，子どもには，同時にもう片方の親を否定した罪障感も生じ，喪失感や悲嘆といった感情も生じる。成長に従い，これらの葛藤がどのように影響・変化していくか，それが本来の「子の福祉」の問題であろうと考える。一方，非監護親は，監護親の消極的姿勢から「子どもの記憶から，私を消し去ろうとしている」と悪意を受け止めかねない。子どもと面会交流をしようとしたとき，子どもの怒りやメランコリーに驚き，監護親の洗脳を疑ってしまうことがある。これがいわゆる「片親疎外」で，アメリカの精神科医 Gardner R が提唱した。子どもは，意識的無意識的に親権者（監護親）に貢献してしまいやすい。子どもの発言や反応に違和感があるとすれば，片親疎外状態にあると疑い，じっくり何が起きて

いるのか，関係を外から見直す必要があろう。片親疎外は子どもなりの防衛反応であり，親を責めて解決できるものではなく，まして子どもを責めるべきものでもない。

　ここで，実際の子どもの声を振り返ってみたい。筆者の調停に立会った記憶をたどると，「いつの間にか，パパが帰ってこなくなった。好きだったのに」「急にママがいなくなった。寂しかった」などの声を聴いた覚えがある。言葉が短いだけに，その悲壮感・喪失感が伝わってきた。ほかにも，面会交流にはさまざまな消極的な声がある。「つまらなかった。会わない方がよかった」「またパパに会うと思うと，いやな気持になった」などである。子どもにとって，いきなり片親を奪われ喪失感を生じさせるのも問題だが，「つまらない」面会交流を継続的に強いられるのも，メランコリー同様の問題になるようだ。子どもに「パパに会えてよかった。うれしかった」「会う前は緊張したけど，会ってよかった。思った以上に優しかった」と感じてもらうには，それなりの準備と作戦が必要である。媚を売る必要はないが，少なくとも，細いながらも長く楽しめる関係を続けていくような面会交流を考えたい。

V　オンライン面会交流

　近年，コロナ禍により，直接面会交流を行うのではなく，スマートフォンやパソコンのテレビ電話機能を使ったオンライン面会交流が，海外および日本国内で試みられている（棚村，2021；横山，2021）。画像を介したオンライン交流は，監護親からすると，連れ去られる心配がなく，安心して応じることができる。距離は関係がないため，指定された場所まで子どもを連れて行く手間も省ける。しかし，その一方，非監護親からすると，本来であれば伝わってくるはずの，子どもの肌のぬくもりや息遣い，感触，体重，微妙な表情変化などが伝わってこない。全く会えないよりは良いが，慣れないとまさに隔靴掻痒という不全感を覚えてしまう。では，子どもにとってはどうだろうか。

目の前の画像と音声が自分の親であると認識できることが前提となるが，その画像との会話を通して，交流の快を見出せれば，子どもにとってもいい想い出が甦るであろう。

　たとえオンラインであろうと実際の面会であろうと，面会交流を成功させるには，準備が必要である。オンラインの場合，支援団体に援助してもらうなどにより，絵本などの読み聞かせや学校の宿題，ゲームなどを，画面を通して親子が共有し，一緒に遊び勉強するというのも有効である。子どもからすれば，親の意外なやさしさを見つけるなど，直接触れ合う以外の気づきを得ることもあろう（二宮，2021）。以上からすると，オンライン面会交流は，従来の間接交流（手紙や写真だけの交流）と直接交流（実際に会う交流）の中間に位置づけられるようだ。隔靴掻痒という否定的側面ばかりではなく，新しい面会交流ツールが加わったと積極的に位置づけてもいいであろう。

VI　おわりに

　今，世の中は急速にIT化が進んでいる。裁判所においても，特に民事訴訟関係で申立て関係書類の電子書類化や，対面しないで済むテレビ会議システムを使ったウェブ調停などが検討されている。セキュリティや情報管理などの問題があるため，まだ取り組みは始まったばかりだが，利便性が高まれば実施数も増えるであろう。

　しかし，事件数が増えたとしても，「子の福祉」は大目標であり，紛争解決を急ぐあまりそれが犠牲になるような結論は避けるべきである。親子の離別は，子にとっても悲嘆と喪失感をともなうが，早期にゆっくりと正面から向かい合うことで解決可能となるはずである。オンライン面会交流も十分な解決案のひとつになるだろう。

　担当者（調停委員や調査官など）が対面して事情や主張を直に聴き，妥協点を提案する調停は，臨場感に訴える部分があるため当事者の納得を得やすい。家事事件の特徴は，今ある紛争の解決を図るだけでなく，将来の家族関係をも見据えて調

整するところに意義がある。「子どもに罪はない」のだから，子どもへの影響が最小限で済むようにあってほしいところである。

　最後に，つい最近，法務省民事局がホームページ上に「お父さん・お母さんが別れるのかな…〜家族のことで悩（なや）んでいるあなたへ〜」というサイトを開設した。これは父母が離婚しそうなときなど，子どもが抱く悩みに答える形で作られた子ども向けのサイトである。子どもにわかりやすい言葉で語りかける工夫がなされているので，ご紹介しておく（https://www.moj.go.jp/MINJI/top-child.html［2021 年 9 月 26 日閲覧］）。

▶文献

Freud S［伊藤正博 訳］（1917/2010）喪とメランコリー．In：フロイト全集 14 巻．岩波書店．

Freud S［須藤訓任 訳］（1920/2006）快原理の彼岸．In：フロイト全集 17 巻．岩波書店．

細矢郁，進藤千絵，野田裕子ほか（2012）面会交流が焦点となる調停事件の実情及び審理の在り方─民法 766 条の改正を踏まえて．家庭裁判月報 64-7；53．

公益社団法人商事法務研究会（2021）未成年期に父母の離婚を経験した子の養育に関する実態についての調査・分析業務．法務省．

二宮周平（2021）オンライン面会交流と支援の必要性．ケース研究 341；41-66．

大石亜希子（2021）民法改正と離別父子の交流．In：労働政策研究・研修機構 編：仕事と子どもの育成をめぐる格差問題（労働政策研究・研修機構 第 208 号），pp.139-140（https://www.jil.go.jp/institute/reports/2021/documents/0208.pdf［2021 年 9 月 26 日閲覧］）．

棚村政行（2021）アメリカでのオンライン面会交流の実情と課題．ケース研究 341；3-4．

Wallerstein JS & Lewis JM（2004）The unexpected legacy of divorce report of a 25-year study. Psychoanalytic Psychology 21-3；353-370．

横山和宏（2021）離婚・別居家庭におけるオンライン面会交流の活用に関する文献レビュー──その長所と短所，高葛藤の家庭における活用上の留意点．離婚・再婚家族と子ども研究 3；2-14（10 月中旬刊行予定）．

🐾 [特集] 喪失・悲嘆——存在と不在の「あいだ」で回復を求めて

わかれについて
犯罪被害遺族

櫻井 鼓 Tsutsumi Sakurai
追手門学院大学

I　喪失の出来事

　女の子がいた。友人との乗馬中に事故に遭い，友人を亡くし，自らの右脚も失った……。

　これは，1998年に公開されたアメリカ映画「モンタナの風に抱かれて」（Touchstone Pictures 製作，U-NEXT 配信）の冒頭部分である。女の子グレースの母親アニーは，グレースの心の回復のために，その事故をきっかけに暴れ馬になってしまった愛馬ピルグリムを治すべく，グレースとピルグリムを乗せてニューヨークからモンタナまで車を走らせ，馬を癒す能力をもつカウボーイのトム・ブッカーを訪れる。

　この物語は，喪失を経験した後の人々の心の動きと，喪失の痛みに向き合うこととは何かについて多くの示唆を与えてくれる。グレースは事故後から頑なに心を閉ざし，心配する母親にもきつく当たっていた。しかし，大自然のモンタナに滞在してさまざまな人々との交流を経験し，時間を重ねるなかで，ある日，グレースはトムに，そのとき何が起きたのかを打ち明ける。「許してジュディス（亡くなった友人の名）」とグレースは泣きながら言う。そのグレースを，トムは抱きしめながら語りかける。「悲しみは消えないかもしれない。

だが君のせいじゃない」。

　全体として，映画は3時間近くに及ぶ。一般的な他の映画作品に比べると長い時間がかけられているといえるだろう。この長さは，トラウマからの回復には，それだけ時間がかかるということを表しているようにも思われる。物語のなかでは，グレースとピルグリムの回復のストーリーだけではなく，アニーとトムとの恋愛も展開していく。母親も支えを求めている。トラウマとは，それを負う当事者のみならず，家族にもふりかかる。映画の原題 "The Horse Whisperer" が「モンタナの風に抱かれて」と邦訳されたことにも，傷つきに寄り添い，支えることへのまなざしが感じられる。

II　犯罪被害遺族の精神症状

　この原稿の執筆中の今夏は，千葉県八街市の児童5人死傷事故事件が発生し，京都アニメーションの放火殺人事件から2年，津久井やまゆり園の入所者ら殺傷事件から5年という報道が相次いだ。このような犯罪被害によるご遺族と聞いても，多くの方は身近に感じられないかもしれない。しかし，警察庁（2021）の統計によると，2020年の1年間で，殺人罪による死者は288名，業務上等過失致死傷（交通業過を除く）の死者は219名，

傷害致死罪の死者は71名と続き，刑法犯による死者は総計で687名であることが示されている。さらに交通事故事件による死者を加えると，1年間だけでも犯罪被害により亡くなられた方が相当数いる。そして亡くなられた方には，複数のご遺族がおり，残念なことに毎年多くの犯罪被害遺族が生まれてしまう現実がある。

　大切な人を喪失することは，人が出遭う人生の出来事のなかでも最も困難なものと言えるだろう。ましてそれが，他者から暴力を加えられるという犯罪という形をとったのであればなおさらである。被害に関しては，精神保健面からの大規模調査が行われている。川上・土屋（2011）による世界精神保健日本調査によると，さまざまなトラマティックイベント・カテゴリーのうち，「大切な人の不慮の死」の経験率は44.4％に上り，「暴力被害」38.7％，「自動車事故」17.9％などと比べても多い。そして，この調査で挙げられたイベントのなかで，という条件つきではあるが，「大切な人の不慮の死」は最も高率に経験されているイベントであることがわかる。一方で，同調査のなかで測定されたPTSD生涯有病率は，「大切な人の不慮の死」の経験者は2.4％で，先の「暴力被害」経験者が4.0％，「性的被害」が6.5％であることと比べれば，必ずしも高いわけではない。しかし，この「大切な人の不慮の死」は犯罪によるものだけではないだろうから，犯罪被害によるものを抽出すれば，経験率は下がりPTSD有病率は上がることが推測される。

　警察庁では，2015年，全国の殺人，性犯罪，傷害，交通事故事件等に遭った犯罪被害者や遺族を対象とした質問紙調査を行っている（有効回答者378名）。被害からの平均経過期間が約2年5カ月の時点で，PDS（Posttraumatic Diagnostic Scale：日本語版外傷後ストレス診断尺度）により測定されたPTSD（心的外傷後ストレス障害）該当者は，殺人による遺族で47.1％，交通事故事件による遺族で60.7％であることが明らかになった。さらに，通常の悲嘆反応よりも強く，持続期間

の長い複雑性悲嘆について，ICG（Inventory of Complicated Grief：複雑性悲嘆質問票）を用いて測定したところ，複雑性悲嘆ハイリスク者（ICG＝26点以上）は，それぞれ79.5％，81.0％であることが示された（上田，2016）。質問紙調査であるため有病率とは言えないが，PTSD，複雑性悲嘆ともに該当可能性のある人の割合は極めて高く，犯罪被害が人に与える影響の大きさと，犯罪被害遺族の抱える精神面の困難さが推測される。

III　犯罪被害遺族の心と悲しむということ

　大切な人を失うという圧倒的な出来事に遭った直後には，恐怖，悲しみ，無力感，怒りなどのさまざまな感情が湧き起こる。

　なかでもご遺族を苦しめるのが罪責感であると思う。本来，責められるべきは加害者である。しかし，直後には，ご遺族の心のなかにはあたかも加害者は存在しないかのようであることがある。その出来事を抱えるだけで精一杯で，加害者のことに思い至るほどの心の余裕がないのかもしれない。攻撃性は加害者よりも，自らに向けられる。ご遺族は「あのとき，もう少し引き留めていればよかった」「自分がもう少し早く帰宅していれば」と必ず自分を責める。これらの感情は直後だけではなく，ほとんどの場合，長く続く。

　また，事実が認められなかったり，現実感が失われたりもする。特に犯罪被害の場合には，多くの場合が突然の別離となるため，現実を受け入れることが困難である。今でも故人が生きているかのように話をされる遺族もいれば，「（亡くした）子どもが帰ってくるので待っていなければならない」と訴える方もいる。援助を受けること自体，「家族を亡くしたことが現実になってしまう」と憤る方もいる。あまりにもショックな出来事であるため，このようにして心を守るのだろう。

　事実を認めにくいということには，同一化が関係していると思われる。同一化とは，他者の特性などを自分のものにして，全体的もしくは部分的に変容する心理的プロセスのこと（Laplanche

& Pontalis, 1967/1977）であり，臨床実践において援助対象者が何に同一化しているのかをみていくことは，重要な作業であるだろう。この同一化と喪失とは一見無関係に思われるかもしれないが，古くは Freud S が，論文「喪とメランコリー」のなかでその関連を記述している。Freud は，喪失に続く喪には正常な喪と病理的な喪があるとし，後者の一例として「メランコリー」を取り上げた。メランコリーとは，重症の内因性うつ病のことで，心気妄想・罪業妄想などを伴って現実検討を失っている状態のことを指す（福本，2021）。Freud は，メランコリーにおいて，失った対象との自己愛的同一化がみられると述べた（福本，2011）。その一節は有名である。

　　対象の影が自我の上に落ちて，自我はいまや，あたかも一つの対象のように，見捨てられた対象のように，ある特別な審級から判定することができるものになった。以上のような仕方で，対象喪失は自我喪失へと転換され，自我と愛された人物との間の葛藤は，自我批判と同一化によって変容された自我との間の内的葛藤へと転換されたのだ。
　　　　（Freud, 1917［1915］／伊藤 訳，2010, p.436）

ここに書かれている「対象の影が自我の上に落ち」るとは，同一化が自己愛的であるということを表しており，どこが自己愛的なのかというと，対象の喪失を否認して，自分の一部を対象の特定の性質に変容させるところである。加えて，「影（Schatten；Shadow）」には「亡霊」という別の意味もあり，対象を亡霊とみなして関わり続けるということも含意されている（福本，2021）。すなわち，失った対象に同一化することは，故人が亡くなった事実が消え去るということであり，喪失への否認となる。この同一化という機制に着目して考えを進めると，病理的ということでなくとも，犯罪被害から間もない時期は，遺族が亡くなった本人に同一化しているように感じられることがある。

　約束した時間になると，薄暗い廊下の向こうから，黒い洋服を着た，犯罪被害遺族 A さんが表情も乏しく，私と待ち合わせをしたところまでゆっくりと歩いてくる。そして，面接室に案内する私の後を，静かについてくる。面接室内に入ると，ご自分の座る椅子をティッシュでそっとぬぐう。そして，まだ亡くされたご家族がここら辺にいるのだと語る。涙は見られない。加害者に対する怒りの言も出てこない……

この例において，A さん自身がまるで亡くなったご家族のようであり，亡き人に同一化していることは明らかである。悲しみや怒りの感情はあるが，自分のものとして感じることはまだ困難な段階である。椅子をぬぐう仕草は，ゆっくりそっと話を聞いてほしい，という気持ちの表れなのかもしれない。亡くなった事実を認めることは多大な心の痛みとなる。A さんは，亡き人に同一化することによって，衝撃的な事実から心を守っているように感じられる。

犯罪被害遺族の場合，このような例は稀ではない。しかし，そのまま現実を否認し続けることはできない。時を重ねるなかで，徐々に現実を受け入れていく作業が必要になるだろう。いずれは，その対象を手放すという心のなかでのわかれと現実の受け入れが必要になる。逆説的だが，喪失という別れによるトラウマ後を生きていくためには，亡き人と密着するのではなく，内的に分かれることが必要になる。そうしてはじめて，亡くなった人のことを考え，悲しむことができるようになるのではないか。

わが国の犯罪被害者支援の分野では，ご遺族が精神的支援の必要性について声を挙げられたことなどがきっかけとなり，その後，さまざまな制度や施策が立ち上がってきたという歴史がある。一方で，ご遺族の心情は，施策が進んでいくようには次々に変化はしていかず，援助者がご遺族と向き合っていく作業は変わらぬこととして続いていく。援助者はまずはご遺族と共にいて，語られる話にゆっくりと耳を傾けることが求められるだろ

う。ただし，援助者は，ご遺族と永遠に共にいることができるわけではなく，その援助は限られたものとなることを心に留めておく必要がある。援助にとって必要なのは，ご遺族に代わって全てを行うことではなく，ご遺族が被害後の混乱期，そしてその後に続く人生を生き抜いていくことができるよう支えることである。すなわち，援助の場面においてもわかれのあることが，必須になる。

Ⅳ　おわりに

　事件から数年が経ったある日，私は同僚と，初めてお会いする犯罪被害遺族の自宅を訪問する予定になっていた。昼過ぎに伺う約束をしていたため，同僚と近くの定食屋で昼食をとってから向かうことにした。昼食を食べ終わり，ご遺族宅に伺うと，同僚と私の分の昼食が用意されていたのだった。特別に用意してくれていたことはすぐにわかった。私は，いただくことにした。そしてご遺族宅を後にし，2人で歩く帰り道，私が感じていたことを同僚が口にした。「(私のことを)懐かしそうに見ていたね」。おそらく亡くされたご家族と私が重なって見えたのだろう。ご家庭を訪問することや食事をいただくということは，基本的な心理臨床のあり方から外れる面はあるかもしれない。しかし，あの日の援助というのもまた，忘れることはできない。

　今回の特集は，最近の情勢を踏まえ，存在と不在の「あいだ」をどう生きるべきか，という大変興味深いテーマで組まれている。犯罪被害遺族にとって，大切な家族を亡くすという外的現実にお

いてはその家族は不在ではあるが，心の絆が切れることはない。また，援助者による援助は，終了したからといって，その行為や思いがなかったことになるのではない。

　犯罪被害による喪失においては，時をかけ，不在ということが経験されて初めて，その人の存在が心のなかに立ち現れてくるのではないかと私は考えている。

▶文献

Freud S (1917 [1915]) Mourning and melancholia. In : SE 14, pp.237-258. [GW 10, pp.428-446] (伊藤正博 訳 (2010) 喪とメランコリー. In：新宮一成，本間直樹 責任編集：フロイト全集14. 岩波書店，pp.429-446)

福本修 (2011)『喪とメランコリー』註解——フロイトからクラインへ. 現代思想 39-2；106-119.

福本修 (2021) メールによる私信 [2021年8月14日] (福本氏からは，「喪」「メランコリー」「対象の影」についての解釈をご教示いただき，本稿の該当部分は筆者の責任において執筆した)

川上憲人，土屋政雄 (2011) トラウマティックイベントと心的外傷後ストレス障害のリスク. 厚生労働科学研究費補助金 (障害者対策総合研究事業 (精神障害分野)) 大規模災害や犯罪被害等による精神科疾患の実態把握と介入手法の開発に関する研究. 平成22年度総括・分担研究報告書，pp.15-28.

警察庁 (2021) 令和3年版 犯罪被害者白書 (https://www.npa.go.jp/hanzaihigai/whitepaper/w-2021/pdf/zenbun/pdf/kiso6_14.pdf [2021年8月12日閲覧]).

Laplanche J & Pontalis J-B (1967) Vocabulaire de la psychanalyse. PUF. (村上仁 監訳 (1977) 精神分析用語辞典. みすず書房)

上田鼓 (2016) 犯罪被害者のトラウマ. 最新精神医学 21-4；267-273.

🦑 [特集] 喪失・悲嘆——存在と不在の「あいだ」で回復を求めて

還らない生活
加害者家族

門本 泉 Kadomoto Izumi

さいたま少年鑑別所

I　加害者家族の喪失

　自分の家族が罪を犯したと知る，警察に逮捕される，刑務所などの矯正施設に入る，新聞に載る，地域で噂になる，ネットで誹謗中傷される——これらはいずれも，加害者の家族が被りうる「不幸せ」である。特に凶悪事件となると，世間からの風当たりはもちろん，マスコミの報道も苛烈になる。子どもでも，殺人など重大な結果を生む事件であれば，成人同様，否，時にはそれ以上に社会の耳目を集め，「どんな家族で育ったのか」といった疑問形を装う，家族への非難が現れる。

　罪を犯せば非常に多くのものを失わざるをえないということは，よく知られた知識であり，多くの人が犯罪や非行をしないで生活する動機の一つである。では，罪を犯した人の家族は，具体的に何を喪失するのだろうか。本稿は，このテーマについて，筆者の考えを整理したものである。なお，文中では，特に被害者を作る非行や犯罪を起こした人を「加害者」と呼び，その家族を「加害者家族」と表記する。そして，ここで想定する加害者家族のなかに，学童期以前の子どもは含めないこととする。この一群については，心理学的に，他のさまざまな学問も取り込みながら丁寧に考察する必要があり，筆者の力量では，与えられた誌面で端的に記述できないと思うためである。こうした子どもへの支援について詳しく知りたい方は，他書を参照されたい（例えば，阿部（2019））。

II　失うもの，持たされるもの

　さて，冒頭のような展開の始まりから，加害者家族の喪失は始まっている。端的に言えば，平凡な生活は平凡でなくなる。毎日の家族の何気ないやりとりが，しばしば不能になる。警察の取り調べに応じたり，裁判（少年の場合には審判）の準備をしたりする過程では，時間もお金も失う。家宅捜索などでは，家というプライベートな空間に見知らぬ関係者が「令状」をもって入り込み，くまなく調べることで，自尊心や尊厳が失われたと思う人もいる。刑事司法過程で求められる負担などによって仕事を辞めることになれば，収入も失う。職場からやんわりと退職を促されることもあるだろう。加害者のきょうだいや子であれば，転校や退学を余儀なくされることもある。近所づきあいも含め人間関係は変化し，たいてい社会的活動範囲は縮小する。親しい人とすら，これまでのような交流を維持することが難しくなることもある。転居を選ばねばならないときもある。社会的

地位や名誉を失うこともある。そして，刑事司法手続きが一段落しても，今度は高額な慰謝料などの支払いが待っている場合，想像していた将来（例えば，老後の生活設計）を手放すしかないかもしれない。

こうしたなかで加害者家族は，精神的な面でも消耗し，喪失を味わう。ついこの間まで疑ったこともなかった家族への信頼感は打ち砕かれる。「愛する夫（わが子，わが親）」の表象も傷つく。落胆し悲嘆するが，この理不尽な状況の原因，つまり「なぜ事件を起こしたのか」という問いに，加害者自身から満足のいく説明が与えられることは，実際のところほとんどない（そもそも，身柄が拘束されていることも多い）。そして，加害者家族が最も脅かされるのは，自分自身への信頼の喪失により，また，自分は何者であるのかという，日常のなかで明確化する必要などなかった同一性の崩壊により，一般市民としてのささやかな自信を失うときである。

加害者家族には，失うばかりでなく，新たに背負い抱えねばならないものもある。上述の慰謝料など，物理的な負担は増える。司法の過程では，捜査の結果初めて知る事実があることもあれば，それによる傷つきもある。地域性の問題も大きいが，犯罪者の家族であるというスティグマは強烈で，事態を受け止めきれないことからくる情動の麻痺状態，加害者への怒り，非難される立場に突然置かれたことに対する恥の感覚，諸々の喪失による悲しみなども抱えねばならない。そして，家族である加害者が社会に戻る際には，更生に寄与する役割と責任も背負うことになるだろう。

そして，こうした加害者家族のしんどさは，たいていの場合，表現されにくい。加害者家族たちは，それらを我慢しなければいけないと思うからである。（被害者のことを考えれば）「加害者側の人間は，苦しいとか悲しいとか，そんなことを訴えられる立場ではない」（鈴木，2010，p.21）と家族たちは言う。

こうした捉え方は，日本文化においてはしごく自然に受け入れられてしまう。同時にこれは，公に苦痛を表現すべきカテゴリに加害者家族は入っていないという言外・言内のルールの存在を示している。これは，「非公認の悲嘆」（ハーヴェイ，2003）とも言え，苦悩が続く場合，自殺に追い込まれるという最悪の結末を招くこともある。

III　家族が加害者になるということ／加害者の家族になるということ

ここで，「家族が加害者になった」という認知と「加害者の家族になった」という認知の差に注目したい。前者においては，加害者を客体視できているニュアンスがある。つまり，主体である私（家族）は，客体である加害者とは深い関係はあるが，別の存在である。他方，後者は，私（家族）の意向とは関係なく，否応なしに課された苦境であることを示し，主語である私（家族）の受動性が隠れている。当然ながら，後者の認知は，自己をより脅かすことになる。日本文化における加害者家族は，後者に傾きやすいように思える。

個の独立性よりも，集団としての一体感が重視される傾向がある日本では，しばしば家族は「自己」の延長ないしは，「自己」の拡張であるとみなされる。つまり，加害者とその家族は，心理学的な意味において地続きであり，家族の一成員がもつ特性は，家族全体に敷衍されて理解され，一成員の責任と家族としての責任は重なっている。さらに，未成年による加害の場合，親は子の養育に責任があるとされるため，加害行為の原因が家族（親）にあるとみなされてしまうことにもつながる（本田，2010）。

重要なのは，「親の教育が悪いのではないか」「犯行の予兆になぜ気づけなかったのか」などの非難は，社会から浴びせられる「外来」物であると同時に，加害者家族が自分自身に向かって行っている「内在的」批判でもある。加害者家族は，加害者と同じ「悪者」というスティグマを背負う一方で，善良な一般市民としての価値観や構えも有しているため，本来向社会的で健康なこの部分が，

自分を責め，批判し，蔑む元凶となってしまう。内部で起こっている葛藤なので，耳をふさいでも，どこへ行っても，ここから逃れることができない。

しかも，加害者家族は，これらによる苦痛を表現することも許されない。加害者家族は，法的責任はなくとも，他者からすれば加害者同然の立場にあるからである。このように，加害者家族は，「被害者性」と「加害者性」という性質を併せもち，「忘れられた被害者」などと称されることもある（阿部，2020）。

IV　加害者家族のコーピング

筆者は，加害者家族支援の専門家ではないが，加害者家族となった人に会ったり，この人たちの心理相談を担当したりすることがある。その経験から言えば，マスコミに追いかけられたり，日本中から非難の目で見られたりするといった場合もあるが，実際のところ，加害者家族の多くは世間からほとんど注目されることはない。上記のような苦しみも，当然認知されない。これは一部に，加害者家族がある種の「生き延びるための戦略」として意図的に沈黙しているからとも言える。そして，加害者家族のなかには，時に自分の喪失と苦痛を，努めて見ないようにして，何とか日常生活を維持している人たちもいる。

このため，対応すべき課題を多く抱えている渦中の加害者家族との面接では，激しい情動の揺れや感情の表出が見られることはあまり多くない印象がある。むしろ，大半の面接時間を，こまごまとした状況の説明や次なる自分のハードルは何かを話すことに使う傾向がある。そして，ごく短期的な未来を見て，まだ散漫な計画や若干の不安を言葉にし，少し加害者とは関係ない話をして，帰っていく。

筆者は，これでよい場合もあると考えている。加害者家族が，自らにいろいろなものを禁止することには意味がある。彼らは，自分と他の家族がちゃんと食べて，暮らしていけるように，そのために自分の心が折れないよう，生き続けていく使命がある。自分の感情への注目は，その使命を果たした後でよい。だから，筆者の場合，加害者家族としての喪失や打ちひしがれる感情の数々を，クライエントの座る椅子の向こう側に透けて見えそうで見えないものとし，事実の確認や現実的に克服すべき課題について話し合うことを喜んで受け入れる。それを通して，クライエントの示す気丈さに敬意を払う。毎日をつぶれずに過ごすこと，みじめだろうが疲弊していようがとにかく忙しく働き，対応し続ける選択をしている目の前の人が，かろうじて手にしているコントロール感を察知しながら，共に時間を過ごす。

深谷（2014）は，加害者家族のサバイバル過程において，彼らがもっている多様な役割アイデンティティにおけるコントロール感の重要性について論じている。筆者はこれに首肯する一方で，加害者家族が力強く自らの人生を意味づけていくとか，つらい経験から何かしら学び取り成長していくといった，希望に満ちた楽観論では捉えない。そして，コントロール感を安定して維持できるまで，邪魔になる感情や葛藤の表現を抑制することは，加害者家族になるという運命にある一個人なりの「品格」ではないかと思うときもある。

加害者家族が身を低くして，逆風に耐えつつ進む道は，容易に暗転しやすく，心理臨床家が目指す回復のイメージとはだいぶ異なる可能性もある。しかし，この嵐が終わったと思える頃，「思えば，あの時は……」といった思い出話のような内省や，人生への意味づけや，これから自身を支えてくれる認知の変容が，断片的に報告されることは確かにある。髙橋（2015）は，加害者家族が，自分とは同じ属性をもたない他者と自分との間に，共通部分や同質性を見いだし，その関係性のなかで変容していく過程があることを示している。ひたすら耐えて頑張った経過を見知っている「非」加害者家族である筆者が，それに準じる役割を果たすこともあるのではないかと思いたい。

他方，fight or flight という観点で言えば，まったく逆の反応を示す家族もいる。事態の重大性を

無視する，あるいは過小評価する，原因を自分た
ち家族以外のものに帰属する，文字通り逃げてし
まうといった家族たち，あるいは凍りついて無力
でいるという選択しかできない家族もいる。ただ
し，この人たちが皆，規範意識の欠けた無責任な
人たちでは必ずしもなく，大きな喪失の前で立ち
往生している場合も少なくない。それらの家族が
置かれている文化・社会的背景を理解することは，
きわめて重要である。

V　加害者家族の未来

　加害者家族の支援という課題は，近年，かなり
注目されるようになってきた。加害者家族，とり
わけ子どもの権利保護に関する考察や具体的支援
（例えば，宿谷（2018），阿部（2019）），触法精神
障害者の家族に課せられる責任（深谷，2015）な
どが挙げられるほか，一般市民向けのレポートも
発信されている（NHK，2010）。法学，行政論，
社会福祉，社会学，心理学といったさまざまな分
野にも通じる実践が，加害者家族の特徴と必要な
支援策を少しずつ統合していく方向に向かうだろ
う。

VI　おわりにかえて

　もうずいぶん以前の話になるが，筆者は，少年
刑務所で，とある若年受刑者を担当していたこと
があった。彼の受刑中，筆者なりに誠実に関わ
り，一定の関係性のなかで被害と加害についても
考え，とうとう仮釈放の日を迎えた。しかしその
日，彼の家族は，（あらかじめ定時に迎えに来て
もらえるよう刑務所から連絡が入っているはずな
のに）約束の時間に迎えに来なかった。家族が刑
務所の正門に着いたのは，数時間遅れであった。
長い刑期を終えて，ようやく家族に迎えてもらえ
るはずだったのに，彼はしょぼんとベンチで待ち
続けていた。当時の筆者は，受刑中の彼の「保護
者気取り」であったものだから，大幅に遅れて到
着した家族に，内心ひどく怒っていた。ずいぶん
と傲慢だったと今では思う。彼の家族もまた，彼

の犯罪行為と受刑により多くを失い，しなくてよ
かったはずの多くの苦労を，悲哀を，恥の感覚を
きっとひっそり抱えていただろう。今現在もそう
かもしれない。そして，それを内にとどめ，「加
害者家族」として残された自分たちの生活をとに
かく維持する数年間だったろう。そして，遅刻は
したかもしれないが，彼が「還る」場所を確かに
提供した。そんな家族の在り方もあるのだ。それ
はそれで，間違っていない。その証拠に，彼は少
しも怒っていなかった。

　加害者家族の生活は，加害者家族となる前のも
のにはおそらく還らない。もともと人生は一本道
だから，還ることは目指さず（目指せず），家族
のなかに新しい機能が生まれ，各人によりそれが
受け入れられるものであれば，それは修復と呼べ
るものなのかもしれない。

▶文献

阿部恭子 編著（2019）加害者家族の子どもたちの現状と
　支援—犯罪に巻き込まれた子どもたちへのアプローチ.
　現代人文社.
阿部恭子（2020）加害者家族を支援する—支援の網の目か
　らこぼれる人々. 岩波書店［岩波ブックレット］.
深谷裕（2014）犯罪加害者家族に対する捉え直しの試み—
　シンボリック相互作用論における役割アイデンティティ
　の視点から. 社会福祉学 56-1；36-48.
深谷裕（2015）触法精神障害者をめぐる実証的考察—責任
　主体としての家族. 日本評論社.
J・H・ハーヴェイ［和田実，増田匡裕 編訳］（2003）喪失
　体験とトラウマ—喪失心理学入門. 北大路書房.
本田宏治（2010）犯罪と非行をめぐる家族の問い方と社会
　のひずみ. 青少年問題 57；20-25.
NHK（2010）クローズアップ現代「犯罪 “加害者” 家族
　たちの告白」（http://www.nhk.or.jp/gendai/articles/28
　72/index.html［2021年8月27日閲覧］）.
鈴木伸元（2010）加害者家族. 幻冬舎［幻冬舎新書］.
宿谷晃弘（2018）我が国の憲法学における人権論の現状と
　加害者家族の子どもの人権に関する覚書—修復的正義
　の観点から. 東京学芸大学紀要人文社会学系II 69；115-
　125.
髙橋康史（2015）「加害者の家族」としての自己との距離
　化とその社会的機序—体験の語り得なさに注目して. 犯
　罪社会学研究 40；100-114.

✏ [特集] 喪失・悲嘆——存在と不在の「あいだ」で回復を求めて

社会への信頼や人生を喪失した感覚を抱く人々

性暴力・性虐待被害

齋藤 梓 Saito Azusa

目白大学心理学部

I　性暴力・性虐待被害と喪失

　性暴力・性虐待被害は，他者によって意思や感情をないがしろにされ，境界線を侵害される行為である。そのため，被害当事者にとって社会や人に対して抱いている安心感や安全感，信頼が覆される経験と成りえ，自責感や，自己否定感も見られる。

　本特集のテーマは喪失と悲嘆である。性暴力・性虐待被害により，被害当事者は，本来は得られるはずだった人生が喪失されたと感じる場合がある。さらには，被害が開示されることも，加害者が罰せられることも少なく，社会は自分を守ってくれないのだと，社会への信頼が喪われることもある。

　筆者らは性暴力被害当事者にインタビュー調査を行い，その結果を齋藤・大竹（2020）にまとめた。そのなかで，岡本（2020）は以下のような当事者の言葉を引用している。

　「そういうことしてるから，そうやって巻き込まれちゃうよね」みたいな感じになるんだろうなって言うのは，すごい 16 〜 17（歳）ぐらいでも容易に想像できたから。これ以上傷つかない方がいいみた

いな。ある意味，自分を守る方法だったのかなって思いますよね。言わないっていう選択は。

（A3・40 代）（pp.166-167）

　また，松本（2020）は以下のような当事者の言葉を引用している。

　（性被害による）対人恐怖がきっかけ，で，授業中とかさっさと課題終わらせて，すごい居眠りするようになっちゃったりとか。寝てる間は何も考えないで済むので。（中略）もともとの志望校，違うとこだったんですけど，結局，人怖くなっちゃって，勉強どころじゃなくなって，結構レベル下げてますし。

（A24・20 代）（p.144）

　両者とも，子ども時代の性暴力の被害当事者である。上に記した調査協力者は，自分の身に起きた被害を誰にも相談しなかった理由として，警察や社会，人に対する不信感を述べた。また，松本（2020）の引用からは，進学や進路に影響が出た様子が見られ，得られるはずだった人生が被害という出来事によって変えられてしまった様子が伝わってくる。こうした，根深い社会への不信や人生への影響は，例えばトラウマ焦点化認知行動療

法などが実施され，心的外傷後ストレス障害など
のトラウマ反応が軽減したとしても，それだけで
解決する問題ではない。

　本稿では，性暴力・性虐待被害に焦点をあて，
性暴力・性虐待被害をめぐる問題について述べ，
被害当事者の社会への不信，および人生を喪失し
たという感覚について，子ども時代に被害に遭っ
た成人の事例を交えながら述べていく。なお，本
文に記した事例は，複数の事例を組み合わせ作成
し，個人が特定できないように改変を加えている。

II　性暴力・性虐待被害をめぐる問題

　性暴力・性虐待をめぐる問題はさまざまあるが，
本節ではそのなかでも，被害開示のしにくさ，加
害者を法で裁くことの難しさ，性暴力・性虐待の
人生への影響について述べる。

　内閣府男女共同参画局（2021）によると，無
理やりに性交等をされた被害経験を持つ人のう
ち，被害について誰かに打ち明けたり相談した人
は36.6%で，警察に連絡・相談をしたと回答した
人は5.6%であった。被害を人に打ち明けられな
い理由として，「恥ずかしくて誰にも言えなかっ
たから」「自分さえがまんすれば，なんとかこの
ままやっていけると思ったから」「そのことにつ
いて思い出したくなかったから」などの回答が多
かった。また，齋藤（2020）は，被害当事者のな
かには，被害認識がない人たちもいることを指摘
している。被害に遭ったときが幼かったために何
が行われたか気が付くまでに長い時間がかかっ
た，顔見知りからの加害だったために被害だと気
づけなかった，という当事者たちもいた。さらに
性虐待においては，性的虐待順応症候群（Summit,
1983）の存在が知られている。子どもたちは加害
者から秘密にするよう迫られ，このことを知られ
ると家族が壊れてしまうと思うなどし，虐待の開
示が難しくなる。そして一度開示したとしても，
周囲の人々が信じてくれずに開示を撤回するとい
う行動がみられる。このように，性暴力・性虐待
は人に相談することが難しく，被害者は守られる

ことなく被害に晒されることになり，また，1人
で被害の影響を抱え続けることになる場合も多
い。

　そしてたとえ被害を警察などに相談したとして
も，加害者が罰せられることは多くはない。法務
省（2020）によると，強制性交等の罪の起訴率は
平成30（2018）年が39.3%，強制わいせつの罪の
起訴率は平成30（2018）年が34.4%であった。ま
た，一般社団法人Springが行った性被害の実態
調査アンケート（2020）では，性暴力被害に遭っ
たという5,899件の回答のうち，警察に相談した
件数が894件，被害届が受理されたという回答
が415件，検察に起訴されたという回答は56件，
裁判で有罪になったという回答は42件であった。
そのうち，挿入を伴う被害では，1,274件中，警
察に相談した件数が208件，被害届が受理された
という回答が104件，起訴されたという回答が9
件，有罪になったという回答が8件であった。も
ちろん，全ての性暴力が性犯罪に関する刑法に該
当しているわけではなく，加害者が見知らぬ人で
逮捕されないなどさまざまな事情があると考えら
れる。しかし支援現場では，性暴力・性虐待被害
に遭った被害者が警察に相談しても，事件が不起
訴となるなど，社会に守られていないという感覚
を抱いたと語られることも少なくない。

　このように，誰かに相談することが難しく，ま
た，加害者が罰せられることも少ない性暴力・性
虐待ではあるが，出来事の影響は深刻である。性
暴力・性虐待被害後，被害者にはトラウマ反応や
心的外傷後ストレス障害やうつ病，自殺や自傷行
為などが生じ，人生に広く影響を及ぼす。

　齋藤ほか（2019）は，望まない性交を経験した
性暴力被害当事者へのインタビュー調査から，性
暴力被害は，被害当事者にとって，性的なモノと
して扱われた体験，本来当たり前に尊重されるべ
き自分の意思を無視された体験，人としての尊厳
や主体性が奪われる体験として認識されると述べ
ている。自尊心は低下し，自殺企図や自傷行為が
生じたり，自分に対して価値を感じられず自暴自

棄になったり，誰かを能動的に支配することで主体性を再建しようとし，その結果，不特定多数の人との性交や金銭の授受を含む性交，混乱した性的関係を繰り返すなどする。そしてそのなかで再被害に遭い，さらに尊厳が傷ついていく。また，国立研究開発法人産業技術総合研究所（2021）は，性虐待被害に関する報告書のなかで，先行研究をもとに，子どもの性被害がもたらす心理社会的影響として，トラウマ反応やトラウマ症状などの心理症状，自己認識と感情・認知面への影響，対人関係への影響・性化行動等の行動化などをまとめている。

　性暴力・性虐待被害は，人の尊厳や親密な他者との対人関係など，人生全体に影響を及ぼす一方で，出来事は人に開示されにくく，開示されたとしても被害者が司法に守られることは多くはない。被害当事者は，社会や他者への信頼，安心感，安全感のないなかで，被害によって喪われた人生を取り戻すため，歩んでいくことになる。

III　社会への信頼・人生を喪失したという感覚

　本節では，性暴力・性虐待被害の影響について，2つの事例から考えていく。

1　事例A

　Aさんは40代の女性であり，中学生のあいだ，習い事の先生と性的な関係をもっていたという。父親を亡くしていたAさんにとって，先生は，兄のような父のような存在だった。たびたび二人で話すようになり，家族の悩みなどを相談しているうちに親密さが増し，中学に上がる前後から身体を触られ始め，中学に上がる頃には性交が行われるようになったということだった。先生にとって特別な存在であることを嬉しく思うと同時に，「親に話せない悪いことをしている」「普通のことではない」と後ろめたい気持ちがあったと，Aさんは語った。何度か行為を拒否しようと思ったが，拒否して先生との関係がなくなることは，兄や父のように思う人をなくすことであるため，

なかなかできなかった。中学卒業後，習い事を止めることになり，先生とも会わなくなった。Aさんは中学生の頃から自傷行為が始まり，高校生の頃には摂食障害となった。インターネットなどで出会った多数の人と性交を重ねるようにもなった。現在はそれらの状態にはないが，男性と親密な関係を築くことが難しいということだった。

　Aさんは大人になり，友人たちの子どもたちを見ていて，習い事の先生との関係のおかしさ，対等ではない関係性のなかで行われた性行為が，性暴力であると気が付いたということだった。面接の場面でAさんは，「ずっと後ろめたい思いを抱えて生きてきた」「普通ではないことをしていた自分は，普通の恋愛はできない，してはいけないと思ってきた」と語った。男性は皆，性的な関係を求めているように感じ，そうではない関係性は落ち着かずうまく築けない。それが中学の時の経験からきているとわかり，「あの時は確かにその先生との関係が支えだったが，私の人生はずっとその影響を受けてきた。普通の学生生活を送りたかった」とAさんは話した。

　心理面接のなかで，Aさんは，本来守るべき大人が自分を性的に利用したことに強い怒りを示した。また，喪った時間の長さに呆然とし，涙を流すことも多かった。支えにしていた関係が，対等なものではなかったことを受け入れることにも強い痛みを伴った。面接の過程で，相手を訴えることができないかと考え弁護士に相談に行くこともあったが，時間が経っているため難しく，社会や司法制度に対する強い怒りを語った。「誰も守ってくれない，社会も守ってくれない，こんな世界で生きていくことに意味があるのか」と語ることもあった。

　しかし，根気強く自分の経験を振り返り，語り直し，その出来事に対する感情や考えを整理していった。「性的に求められることと，人を信頼することは別」と思い至り，「無知だった自分が，性的接触を拒めるわけはなかった。子どもの信頼に乗じて性的な行為をすることは，やはり大人と

して間違っている」「しかし，人生では自分のことをちゃんと心配してくれる人もいた」と考えるようになった。そして，「今からでは遅いかもしれないけれど，あの出来事に振り回されず人生を送りたい。人の好意を信じられるようになりたい。しかし，自分の人生をこんな風にした人に，何もできないことが心から悔しいし，こんな社会は変わってほしい」とＡさんは話した。

2　事例Ｂ

　Ｂさんは，義父から，家族が夜眠っているときに繰り返し身体を触られていた。Ｂさんはおかしいと思ってはいたが，相手は無言で身体を触り，昼間は全くそのことに触れずにいるため，なんといっていいかわからず，寝ているふりをしてやり過ごしていた。一度「なんでこんなことをするの」と聞いたが，笑ってごまかされてしまった。その後，行為がエスカレートしていったため，一度抵抗したところ，怖い顔でにらまれた上に行為をやめてもらえず，Ｂさんは強い無力感を抱いた。成長するなかで自分に行われていることが性的な行為であり，家庭内で行われている異質さにも気づいたが，抵抗せず，寝ているふりをしてやり過ごすことが続いた。母と義父が離婚し，その行為は終わった。

　Ｂさんは被害が継続しているあいだ，「消えてしまいたい」「自分は幸せになれない」という思いを抱いてはいたが，生活上で大きな問題はなく過ごしていた。しかし被害を受けなくなってから，出来事が繰り返し頭のなかに蘇り，自分の身体が気持ち悪くなり，強迫行動や自傷行為をすることが出てきた。また，母に怒りをぶつけることも増えた。頭痛や腹痛もひどく，学校を休むことも増えた。学校の教員に加害者に似ている声の者がいたため，その教員の授業は寝てやり過ごすようになった。成績も下がり，高校卒業後は進学をあきらめ，フリーターになった。

　高校卒業後数年が経って，自分の状態が心的外傷後ストレス障害と呼ばれるものではないかと思

い，心理相談機関に来所した。その後，精神科クリニックにも並行してかかり，自傷行為などが落ち着くまでに2年，その後，トラウマ焦点化認知行動療法の導入について話し合い，実際に実施してフラッシュバックなどが落ち着くまでにさらに1年がかかった。そのあいだに，母親に被害について打ち明けた。母親自身も強いショックを受けたが，母親自身もカウンセリングを受けながら，娘をサポートし続けた。

　Ｂさんは，「本当は服飾に興味があり，高校卒業後は専門学校に行きたいと考えていた」と語った。「学校生活は，いつもすりガラスの向こうのようだった。あんなことがなかったら，全く違う人生を送っていたと思う。学校生活はもっと楽しかったはずだし，もっと勉強がしたかった。恋をして，好きな勉強をして，そんな生活があったはずなのに，戻れない。全部全部，あの人に踏みにじられた気がする」と，Ｂさんは人生のなかで喪われた時間があるという感覚を抱き，涙を流した。また「母親に言うことはできなかったけれど，守ってほしかった」「なんで私は守られなかったんだろう」と述べると同時に，「でも，話したときに，母が一緒に泣いてくれてよかった」と語った。時間をかけて人生の喪失に向かい，Ｂさんは「今のアルバイトで，社員にならないかと言われているけれど，違うことに挑戦してみたい」と，新しい仕事に就くために資格の勉強を始めたと語った。

Ⅳ　信頼を取り戻すということ

　Ａさんの，相手や司法，社会に対する怒りも，出来事に人生を振り回されたという思いも，Ｂさんの，親に守ってほしかったという悲しみも，人生を踏みにじられた感覚も，性暴力・性虐待被害の臨床ではよく語られる内容である。性暴力・性虐待被害は，先述した通り，自分が受けている出来事を被害だと認識するにも時間がかかり，また，被害を受けた側が誰かに自発的に相談することが難しく，相談できた時には，法的には取れる手段が限られていることも少なくない。被害当事者は，

自分を守ってくれなかった他者や社会に怒りや不信を抱く場合もある。また，被害やその後の影響で喪った人生があるように感じ，取り戻すことのできない時間，得られたはずの経験を思い，その悲しみや遣り切れなさに直面することもある。

心的外傷後ストレス障害などに対してはトラウマ焦点化認知行動療法などの手法もあるが，社会への怒りや人生を喪失した感覚は，そうした心身の状態が改善されたからといって，すぐに消失していくものではない。むしろ，心身の状態が改善され，行動が広がったために，喪失感が大きくなることもある。そんな時に心理職ができることは，まずは，クライエントの怒りや喪失の感覚に耳を傾けながら，その感情を整理する作業を共にすることではないだろうか。そしてその後，人生を振り返りつつも，クライエントがこれから先の未来に言及することができるようになったならば，それを共に考えていくことではないだろうか。

性暴力被害当事者へのインタビュー調査の結果から，江口ほか（2020）は，以下のような語りを引用している。

　　今までは，それまでは，信用全く，人なんか，他の人なんかできないっていうか，まあ，しないほうがきっといいんだなって思ってたんですけど。大学入って，それがちょっとずつ変わってきて，（人を信用しても）大丈夫だろうっていう。
　　　　　　　　　　　（A22・20代）（p.172）

　　何で隠れてなきゃいけなかったんだろうみたいな。自分の生き方も認められるようになったからかもしれないですけどね。仕方がなかったんだみたいな。言えなかったことも仕方がなかったし，許せるようになってきて。　　（A3・40代）（p.176）

道のりはさまざまであり，決して平坦ではないが，こうした語りからは，人への信頼，自分への信頼を取り戻し，人生を進んでいく当事者の姿が垣間見える。

▶ 文献

江口のぞみ，松本衣美，宮本有紀（2020）レジリエンス―回復する女性たち．In：齋藤梓，大竹裕子 編著：性暴力被害の実際―被害はどのように起き，どう回復するのか．金剛出版，pp.169-191.

法務省（2020）性犯罪に関する施策検討に向けた実態調査ワーキンググループ取りまとめ報告書概要．（https://www.moj.go.jp/hisho/saihanboushi/hisho04_00032.html）

一般社団法人Spring（2020）性被害の実態調査アンケート．

国立研究開発法人産業技術総合研究所（2021）令和2年度子ども・子育て支援推進調査研究事業 課題番号17（一次公募）―潜在化していた性的虐待の把握および実態に関する調査 調査報告書．

松本衣美（2020）被害の影響―ゆるやかに続く，死にたい気持ち．In：齋藤梓，大竹裕子 編著：性暴力被害の実際―被害はどのように起き，どう回復するのか．金剛出版，pp.125-146.

内閣府男女共同参画局（2021）男女間における暴力に関する調査報告書．

岡本かおり（2020）援助希求と周囲からの承認―悪いのは，加害者．In：齋藤梓，大竹裕子 編著：性暴力被害の実際―被害はどのように起き，どう回復するのか．金剛出版，pp.147-168.

齋藤梓（2020）被害認識の難しさと自責感―わたしは被害者なの？．In：齋藤梓，大竹裕子 編著：性暴力被害の実際―被害はどのように起き，どう回復するのか．金剛出版，pp.107-124.

齋藤梓，大竹裕子 編著（2020）性暴力被害の実際―被害はどのように起き，どう回復するのか．金剛出版．

齋藤梓，大竹裕子，岡本かおり（2019）性暴力被害が人生に与える影響と被害認識との関係―性暴力被害の支援をどう整えるべきか．学校危機とメンタルケア 11；32-52.

Summit R（1983）The child sexual abuse accommodation syndrome. Child Abuse and Neglect 7；177-193.

［特集］喪失・悲嘆──存在と不在の「あいだ」で回復を求めて

貧困と疎外

「社会」と「世間」のあいだで

金井 聡 Satoshi Kanai

一橋大学大学院／ソーシャルワーカー

I 「生活保護だけは受けたくない」

「来週，面接あるんで……きっとそこで仕事見つかると思うんだよね。だから，生活保護だけは受けたくないよ……」

2021年の正月，都内で行われた生活困窮者の相談会に，ソーシャルワーカーとして筆者が参加した際，会場に来ていた70代の男性が語った言葉である。話を伺ってみると，数カ月前に職と住まいを失ってからはネットカフェを転々とし，年末年始の間，TOKYOチャレンジネット[注1]が用意した，期限付きのビジネスホテルを利用しているという。いずれにしても，そのホテルは緊急一時的な宿泊場所であるため，いつまでも住めるわけではない。その後の住居など，当面の生活手段を得るために相談会にやってきたとのことだった。だが，現実的に70代という年齢を考えても，すぐに「仕事が見つかる」という保証はない。「生活保護だけは受けたくない」という言葉にやるせなさを感じながら相談を終えた。

この男性に限らず，生活困窮状態にありながらも，生活保護だけは利用したくない，という人は少なくない。年末年始に都内で行われた生活困窮

者向けの相談会へ来場した人を対象に，一般社団法人つくろい東京ファンドが実施したアンケート調査では，「過去に生活保護を一度も受給したことがない」という人が全体の約6割を越えている[注2]。さらに，過去に生活保護を利用した人の半数以上が，扶養照会（本人への援助が可能かどうかの三親等以内の親族への問い合わせ）について「心理的な抵抗感があった」と答えている。自由記述には，「家族から縁を切られるのではと思った」「知られたくない。田舎だから親戚にも知られてしまう」「家族はいいが，親戚に知られたら家族への風当たりが強くなるのではないかと不安」などの声が目立つ。また，生活保護を利用していない人の3分の1以上が，その主な理由として「家族に知られるのが嫌」を選んでいる。

こうした声を反映したのか，厚生労働省は2021年3月，都道府県の担当部局宛に，本人が扶養照会を拒んでいる場合には，その理由について特に丁寧に聞き取りを行い，親族等に問い合わせをしなくとも，「扶養義務履行が期待できない者」に該当するかどうかを検討するように求める通知を出している（厚生労働省社会・援護局保護課長，2021）。本来，国民の権利であるはずの生活保護だが，本人が「家族への風当たり」までも

心配せざるを得ない事情が，制度を利用するにあたってのハードルとなっていることがよくわかる。

II　コロナ禍があぶり出した自助努力の限界

　新型コロナウイルス感染拡大とその長期化は，自営業者やフリーランス労働者のほか，飲食業従事者などを中心に，今なお深刻な影響を与え続けている。前述の生活相談の会場では，中高年の男性だけでなく，子ども連れの女性，若者，海外から来たとみられる人など，かつての生活困窮者支援の現場とは明らかに異なる層が目立っていた[注3]。とくに，以前から副業等を通して何とか生活を維持してきた人たち（金井，2021a）や，ネットカフェなどに宿泊していた「住居喪失不安定就労者」[注4]にとっては，今回の経済不況が大きな打撃になっているものとみられる。建築土木や飲食，性風俗など，ネットカフェ生活者が就業している仕事の多くが，コロナ禍で営業自粛や短時間営業を余儀なくされており，収入がなくなることは，そのまま住まいの喪失につながりかねない（稲葉ほか，2020）。

　その一方で，生活保護の被保護者調査をみると，新型コロナウイルスの影響が出始めた2020年3月以降，むしろ被保護実人員の数はゆるやかな減少傾向にあり，被保護世帯数もさほど影響が出ているようにはみえない（厚生労働省社会・援護局，2021）。だが，生活福祉資金貸付制度の利用要件が緩和され，緊急小口資金等の特例貸付件数（2020年4～11月）が約133万件（2019年度は約1万件）と記録的な伸びを見せているなど（社会保障審議会，2020），住宅確保給付金などを含めた生活保護以外の支援制度が実質的な「肩代わり」をしていたことがわかる。

III　制度やシステムとしての「社会」

　厚生労働省は，2020年12月に「生活保護を申請したい方へ」と題して，生活保護の申請は国民の権利であることを周知する異例のメッセージを，ホームページ上で公表している（厚生労働省，n.d.）。そこでは，「同居していない親族に相談してからでないと申請できない」「住むところがない人は申請できない」「持ち家があると申請できない」など，生活保護にまつわるよくある誤解を列挙した上で，「生活保護を必要とする可能性はどなたにもあるものですので，ためらわずにご相談ください」と明記している。厚生労働省があえてここまで呼びかける背景には，生活困窮状態にあるにもかかわらず，制度の利用を控えたり，自ら助けを求められない人たちが増えている現状があると考えられる。

　日本では，1947年に施行された憲法第25条の「健康で文化的な最低限度の生活を営む権利」（生存権）に続いて，1950年に社会保障制度審議会によって示された「社会保障制度に関する勧告」を根拠に，社会保障の体系が発展してきた。この勧告では，すべての国民に対する生活保障の責任は国家にあることを明記しているほか，国民も「社会連帯」の精神に則り，制度の維持と運用に必要な「社会的義務」を果たさなければならない，としている。

　ここには「社会」という言葉が何度も登場する。

注1）インターネットカフェや漫画喫茶などを利用しながら不安定就労者や離職者を対象に，生活支援，居住支援，就労支援，貸付相談などを実施するために東京都が設置したサポートセンター。

注2）一般社団法人つくろい東京ファンド「生活保護の利用を妨げている要因は何か？──年末年始アンケート調査結果の概要」（2021年1月16日）（https://tsukuroi.tokyo/2021/01/16/1487/［2021年9月20日閲覧］）

注3）長年，生活困窮者支援に携わってきた稲葉（2021）は，老若男女が年末年始の炊き出しに列をつくる光景を「社会の底が完全に抜けてしまっている」と表現している。

注4）東京都福祉保健局が実施した「住居喪失不安定就労者等の実態に関する調査報告書」（2018年1月26日）では，インターネットカフェ，漫画喫茶，サウナなどを住居の代わりにオールナイトで利用しながら，派遣労働やアルバイトなどの不安定就労に従事する人たちが約3,000人にのぼるという推計を出している（https://www.metro.tokyo.lg.jp/tosei/hodohappyo/press/2018/01/26/documents/14_02.pdf［2021年9月30日閲覧］）。

「社会保障」や「社会福祉」だけでなく，「社会保険」や「社会サービス」など，「社会」という概念は，制度やシステムをあらわすものとして暗黙のうちに使われることが少なくない。だが，「社会」とはいったい何を意味するのか，その前提とするものを，あらためて問いなおす必要があるのではないか。

IV　非言語系の知としての「世間」

歴史学者の阿部謹也は，「社会」とは異なる概念としての「世間」について，興味深い考察を行っている。阿部によると，明治時代以降，近代化の流れにおいて society の訳語として「社会」が，individual の訳語として「個人」がそれぞれ割り当てられるが，それ以前の日本には同様の概念がなかったという（阿部, 1995, pp.27-29）。一方で「世間」は，万葉集の時代から現在にいたるまで，多少の意味を変えながらも，日本人の日常生活に浸透してきた。「世間」とは「個人個人を結ぶ関係の環」（阿部, 1995, p.16）であり，自分の意志によってつくられるものではなく，所与のものとして存在し，英訳しにくい概念でもある。

もともとの society は，尊厳ある個人によってつくられる集合体を意味する。だが，西欧的な意味での個人が成立しないままに，近代的で合理主義的な法制度や経済システム，インフラなどの形で「社会」が輸入された一方で，非合理，感情的，義理人情を体現する「世間」の人間関係が日本人の近代化を支えてきた（阿部, 2002, p.32）。だが，「世間」は「非言語系の知」として学問やメディアでは等閑視され，「社会」という言葉が通用することになったことで，本来の society がもつ意味と日本の実情との間で乖離が無視されるようになったと阿部は論じる。

「世間」においては，自己と他者が明確に区分できるわけではない。それは，「共同幻想という人々の共同観念そのもの」であるため，「自分から切り離して対象的にとらえる」ことが難しいものとされる（佐藤, 2001, pp.18-19）。また，「社会」が法や契約関係などの合理的なルールによって構成されるのに対して，「世間」は，贈与・互酬の関係，長幼の序，ウチとソトの区別などの原理によって成り立っているのが特徴的である（佐藤, 2001, pp.94-96）。したがって，共同性を維持するためには，「他人を配慮する態度」を身につけたり，「もらったものはお返しする」ことがルールとして求められる。そして，ルールから外れた存在に対しては抑圧的な力が働くため，他人からどう見られるか，暗黙のうちに空気を読み合うことになる。

このように，「世間」という枠組みを通して貧困をとらえてみると，「生活保護だけは利用したくない」という相談者をとりまくスティグマの構造がみえてくる。社会保障システムとしての生活保護を国民の権利とみなす視点と，世間の互酬ルールから逸脱するものとして恥とみなす視点のズレも可視化される。また，生活保護の利用が周囲に知られることで，「家族への風当たりが強くなるのではないか」という不安も，「他人様に迷惑をかけたくない」という感情も，「世間」のまなざしを強く内面化したものであると理解することができる[注5]。

V　「SOS」が出せない背景に何があるのか

生活困窮状態にありながらも，「他人様に迷惑をかけたくない」と自分から支援を求めることを控え，結果的に経済的困窮だけにとどまらず，人間関係からも孤立していく人は少なくない。とり

注5）地縁や血縁が希薄化した現代では，「世間」は消えつつあるのではないかとみる向きもあるかもしれない。だが，インターネット上に形成された「世間」は，リアルな人間関係よりも拡張し，「逸脱者」を排除しようとする同調圧力が働く。生活保護受給者をめぐるバッシングはこの数年，有名人や政治家も参入する形で後を絶たない。
千葉雄登（2021）「DaiGo 氏，殺到する批判に『個人の感想』と反論。支援者は『言語道断』『ヘイトクライムを誘発』と指摘」（BuzzFeed News 2021 年 8 月 13 日）などを参照（https://www.buzzfeed.com/jp/yutochiba/daigo）。

わけ，性暴力被害，HIV，薬物依存，セクシュア
ル・マイノリティ，被虐待など，これまでの人生
で逆境経験があったり，スティグマ化された当事
者性を抱えている場合，自分の感情を言語化する
ことに慣れておらず，対人関係を築くことに苦手
意識をもっているということもある。

　筆者がスタッフとしてサポートにかかわってい
る，生活困窮状態にあるセクシュアル・マイノリ
ティ当事者の多くは，HIV，依存症，発達障害な
ど重複する課題をかかえている。その中には，幼
少期に家族から虐待を受けていたり，同性パート
ナーからの DV を受けてきた人もいる。治療や
服薬が中断して病状が悪化しながらもそのまま放
置し，見かねた友人が連絡してようやく支援機
関につながるなど，自分からなかなか SOS を出
すことができないというケースも目立つ（金井，
2021b）。規範やルールから逸脱した存在として，
「世間」から疎外されてきた結果，自分の感情や
思いを他者に伝えたり，対話することをあきらめ
ざるを得なくなっているとも考えられる。熊倉・
清野が述べるように，それぞれの援助希求の多様
性に目を向けながら，なぜ「助けて」を言えない
状況になっているのか，それをつくり出す支援構
造を問いなおす作業が求められている（熊倉・清
野，2019）。

　福祉国家が整備する社会保障制度は，「社会」
という，近代的で合理主義的なシステムに依拠し
たものである。この体系化されたシステムにおい
て，すべての人は社会保障を受ける権利を有して
いる。

　だが，「世間」というフィルターを通したとき，
「他人様の世話にはなりたくない」「生活保護は受
けたくない」という言葉の裏側に，システムとし
ての「社会」とは異なる世界が広がっていること
に気がつく。この視点の違いを認識することが，
「社会」と「世間」の両方から疎外された人たち
の喪失と悲嘆を理解しようとする上で，手がかり
になるのではないだろうか。

　誰もが，生活の安定を失ったときに健やかで安
心できる生活が保障されるという理念は，人類が
長い年月をかけて培ってきた財産でもある。同時
に，「渡る世間に鬼はなし」というように，すべ
ての「世間」なるものが否定的にとらえられるべ
きとも限らない。

　「社会」と「世間」のあいだで何ができるのか，
2 つの世界の境界を丁寧にたどっていきたい。

▶ 文献

阿部謹也（1995）「世間」とは何か．講談社．

阿部謹也（2002）世間と差別．In：世間学への招待．青弓社．

稲葉剛（2021）貧困パンデミック―寝ている「公助」を叩
　き起こす．明石書店．

稲葉剛，小林美穂子，和田靜香 編（2020）コロナ禍の東
　京を駆ける―緊急事態宣言下の困窮者支援日記．岩波書
　店．

金井聡（2021a）LGBT ハウジングファースト．賃金と社
　会保障 1769/1770；10-17．

金井聡（2021b）セクシュアル・マイノリティと貧困．社
　会福祉研究 141；41-46．

厚生労働省（n.d.）生活保護を申請したい方へ（https://
　www.mhlw.go.jp/stf/seisakunitsuite/bunya/hukushi_
　kaigo/seikatsuhogo/seikatsuhogopage.html［2021 年 9
　月 30 日閲覧］）．

厚生労働省社会・援護局（2021）被保護者調査（令和 3 年
　6 月 分 概 数）（https://www.mhlw.go.jp/toukei/saikin/
　hw/hihogosya/m2021/06.html［2021 年 9 月 30 日閲覧］）．

厚生労働省社会・援護局保護課長（2021）「生活保護問答
　集について」の一部改正について（2021 年 3 月 30 日付）
　（http://665257b062be733.lolipop.jp/0303301.pdf［2021
　年 9 月 20 日閲覧］）．

熊倉陽介，清野賢司（2019）どうして住まいの支援からは
　じめる必要があるのか―ホームレス・ハウジングファー
　スト・援助希求の多様性・つながりをめぐる支援論．
　In：松本俊彦 編：「助けて」が言えない―SOS を出さな
　い人に支援者は何ができるか．日本評論社，pp.194-206．

佐藤直樹（2001）「世間」の現象学．青弓社．

社会保障審議会（2020）生活困窮者自立支援及び生活
　保護部会（第 13 回）資料「生活困窮者自立支援にお
　ける新型コロナウイルス感染症の影響と対応につい
　て」（2020 年 12 月 17 日）（https://www.mhlw.go.jp/
　content/12002000/000705796.pdf［2021 年 9 月 30 日 閲
　覧］）．

[特集] 喪失・悲嘆──存在と不在の「あいだ」で回復を求めて

日延べされた服喪追悼

コロナ禍・死別・悲嘆

清水加奈子 Kanako Shimizu

自治医科大学精神医学教室

I　はじめに

　2019年12月。それ以前からスイスに留学していた私は，当初中国でのコロナウイルスによる惨禍が報道されても，どこか対岸の火事であり，あらかじめ計画立てた留学生活が，今後大きく変化することになるなど疑いもしなかった。しかし，スイスに隣接するイタリア北部の町ロンバルディアで感染者が増え始め，いよいよ町が壊滅的となった頃より，事態は一変する。

　スイスでもあっという間に感染者数は膨れあがり，国境は閉鎖，日常を送る最低限の用事以外，外出は禁止された。基幹病院には軍隊が派遣され，コロナ患者治療を優先するため，それ以外の診療業務は縮小あるいは停止となった。近しい人であっても感染者と直接の面会は許されず，スマートフォンの画面から最期のメッセージを送る映像，防護服を着たスタッフがご遺体をビニール袋で厳重に包み，家族の立ち会いは許されぬまま火葬場に運ぶ映像がニュースで流れた。報道では緊迫した状況が市民に伝えられる。一方，街ではいまだ死の影は見えず，コロナウイルスを否認する声も少なからず存在し，混乱に拍車をかけていた。

　パンデミック禍の社会は，「不確実性」「混乱」「緊迫感」と，しばし特徴づけられる（Taylor, 2019）。そして，パンデミックの終焉はいつか，病原ウイルスの危険性はどれほどかなど，病の「不確実性」やあいまいさは，不安や迷信を招き，さらなる「混乱」と「緊迫感」をもたらす。なかでも，死別の問題に関しては，こうした特徴の影響をより強く受けるのではないだろうか。

　大切な人を亡くした後，私たちは喪に服す。社会活動の面から見れば，時が止まってしまったかのように映るが，心のなかでは，よほどの抑制要素がない限り，悲しみ，思慕，寂しさ，不安をはじめ強い感情が渦巻いており，嵐のなかにいるような日々である。こうして喪のプロセスが始まっていくが，故人は心で感じる存在となり，その歩みが始まる時期や終わる時期など，明確な指標もない。葬送儀礼は，死者の旅路だけでなく，そのような生き残る側の目には見えない喪のプロセスをも促し支えるかのように，象徴的指標として，古今東西例外なく存在してきた。

　ところがコロナ禍では，従来通りに看取れない，葬儀を遂行できないなど，不確実な事柄が増えてしまう。別れの実感を伴い難く，あいまいさを残す別れになりやすい。身体はもはやないものの，

心理的に実感の持てないあいまいな喪失は，喪の
プロセスがなかなか進まない一因となる（ボス，
2015）。さらに，コロナ禍で健康被害や失業など
過酷な状況に置かれた場合，あるいは極度の不安
や恐怖に苛まれている場合など，その緊迫感，混
乱が去るまで，喪のプロセスは引き延ばされ，後
回しにされる（小此木，1979）。こうして，コロ
ナ禍の死別は，悲嘆が複雑化，喪のプロセスが日
延べされやすく，疾患名で言えば，遷延性悲嘆症
へのリスクが高まると指摘されている（Goveas
& Shear, 2020 ; Zhai & Du, 2020）。一方，集会制
限等の自粛要請が出たために，社会との関係に過
度に煩わされることなく，故人を追悼するための
時間を十分に得られるという面もあるだろう。

　では，コロナ禍において，個人は服喪追悼とど
う向き合い，進めていくことができるだろうか。

　本稿では，コロナ禍がもたらす，終の別れの特
殊性や混乱する社会が服喪追悼に与える影響につ
いて，事例を紹介しつつ，具体的にどのような問
題点があるか検討する。それらを踏まえた上で，
最後に，コロナ禍で個人が喪失を乗り越える術を
考えていきたい。

Ⅱ　ふれられない身体

　やはりコロナ禍の別れで特殊なことは，死に目
に立ち会えないことだろう。立ち会えたとしても
ガラス越しであったり，防護服越しとなってしま
う。具体的な事例を見ていきたい。以下事例は，
スイスで聞き取った実例をもとにした架空事例で
ある。

　50代女性であるAさんの母親は，数年前から
自らの希望で介護老人保健施設に入所していた。
Aさんは普段，仕事が忙しく，滅多に面会に訪
れることはなかった。ある日，持病もなく趣味に
勤しんでいた母親に，コロナ感染が判明した。連
絡を受けたAさんは施設を訪れるも面会は叶わ
ず，その後，母親は症状が重症化し入院となり，
病院で亡くなった。ようやく会えたのは，火葬場
で骨となった後だった。

　教会でのミサは禁止され，葬儀は最小限の規模
で行ったが，それでも参列者のなかには，感染リ
スクを気にする者もおり，理解はできても，悼む
気持ちに水を差されたようで居たたまれなくなっ
た。

　葬儀後も，Aさんは，母親はまだ施設で元気
に暮らしているのではないかと，急な母親の死に
対して実感が伴わなかった。同時に，家族に看取
られず一人で亡くなっていった母親のことを思う
と，申し訳ない思いも拭えなかった。

　このように，コロナ禍の死別体験では，記憶の
なかの元気だった姿が一変，予期しない死で心の
準備が整わない，最期の時間を共有し，別れを
告げることが困難など，死へのプロセスが見え
づらく，やるせない思いに襲われる（Goveas &
Shear, 2020）。

　さらに，感染対策を徹底せねばならないため，
亡くなった身体をビニールで包んで移動させた
り，感染者＝汚物のように扱わざるを得ないなど，
故人を"温かな身体を持った人間"から一気に"物
体"に変えてしまう。極端な場合には，感染への
不安から葬儀が敬遠され，社会のサポートがない
「公認されない死」にもなる（Zhai & Du, 2020 ;
清水，2021）。傍らに居られず，亡くなった後も
わずかに残る身体の温かみや，故人の安らかな表
情に，心慰められるという機会も失う。そして，
遺された者の心には，関われなかった最期を思っ
て，故人は苦痛を感じていたのではないかと懸念
が募ったり，故人の尊厳を保てなかったのではな
いかという悔いが残されたりするかもしれない。
もし自分が感染経路となっていた場合，強い自責
感に苦しめられもするだろう（Taylor, 2019）。

　特に，さわる，ふれる，という，触覚を介した
最期のコミュニケーションが奪われてしまうこと
は，別れへのやるせなさに強く関わっていくので
はないか。

　触覚とは，彫刻家Herderの触覚論によれば，
視覚よりも，対象の奥深くに入っていく感覚であ
り，自然が作り出したものの内部にある，生命や

魂のたえず動いてやまない流れを捉える役割を担う（伊藤，2020）。伊藤は，著書『手の倫理』のなかで，その身体はいつ逝こうとしているのか，それを聞き取るために必要なのは，体の生理的な声を虚心坦懐に受け取る「さわる」という行為を通してである，と述べる。そしてこの「さわる」は，人間の手には負えない「尊さ」や「畏怖」という絶対的に遠いものを対象にしているから，受け身でしかありえない（伊藤，2020）。

さわり続けながら，「尊さ」や「畏怖」の領域に「ふれる」うちに，“死”を感じていき，別れを受け止めていく土壌になるのだろう。その意味で，最期の時も身体にふれることを阻まれたコロナ禍では，服喪の途上に，死のあいまいさという“重し”が置かれかねない。

III　終わりの見えないコロナ禍での服喪

次の事例を紹介したい。

40 代男性 B さんは，高齢の父親を突然の心臓発作で亡くした。その翌日，B さんの暮らす西欧の一都市で，突然都市封鎖が宣言され，あらゆる機能が停止してしまった。なんとか父親を火葬してもらい，お骨を骨壺に入れ，自宅に持ち帰ることができたが，B さんは，父親と二人暮らしであり，一人で葬儀を済ますわけにもいかず，社交的だった父親の意思を継いで，後日，父親の友人たちを招いて納骨することに決めた。パンデミックが十分落ち着くまで待機するつもりだったが，1 年が過ぎても終焉は見えない。いったいいつまで待てばいいのか目途が立たず，B さんには，父親亡き後一人きりで過ごす寂しさとともに，苛立ちと焦りが募り始めた。

パンデミックが始まり 1 年以上が経過し，おそらく B さんのように，いったいいつまでコロナ禍は続くのかと，不確かな未来を前に忍耐を強いられ，苛立ちや焦りを感じたり，先に進めなくなっている人は多いのではないか。

厳しい社会的規制や要請のため，当然だった儀礼が遂行できないことは，大きな心理的負担にな

りうる。生命として死を迎えても，故人が生きた“証”を家族やコミュニティのなかで見つめ合い，然るべき仕方で弔わなければ，それを人間の“終わり”というには納得がいかない（Braunstein, 2021）。

また，コロナ禍では，葬儀の簡略化などにより，つながりを失い，従来のサポートを受けづらく，孤立しがちな点も指摘されている（Zhai & Du, 2020）。孤立もまた，喪のプロセスが滞りやすく，遷延性悲嘆症のリスク要因である。特に，精神疾患の既往歴がある者や，シングル親家庭や社会的マイノリティなど，もともとサポートの少なかった者は注意が必要だろう（Taylor, 2019 ; Goveas & Shear, 2020）。

IV　混乱する社会のなかで

これまでにも幾度となく，人間はパンデミックを経験してきた。世界的なものでは，天然痘，ペスト，スペイン風邪をはじめとするインフルエンザなどである。いずれの時も，人々は，死への恐怖，不安に苛まれ，忍耐し，多くの喪失と向き合わねばならなかった。一家全滅も少なくなく，日々の暮らしや仕事を失うなかで，一個人の死を弔うことが困難な時代もあっただろう。このように，パンデミックは個人史，個人の唯一性を無視せざるを得ず，いわば死者から“名”を奪っていく（Braunstein, 2021）。

コロナ禍でも，地域や時期により，同様のことが起きているし，今後も起きる可能性がある。医療資源は限られるため，犠牲者が爆発的に増加するほど，その死は，個人としての“名”，尊厳を奪い，服喪追悼を難しくするだろう。

また，大切な人の死だけでなく，健康喪失，失業など，さまざまな喪失も無尽に溢れている。長期にわたる大学授業のオンライン化，イベント中止などの連続で，期待が失意に変わるなど，認識しづらい喪失も多い。

これまで当然と信じてきたあり方，関係性の揺らぎを経験し，喪失とどう向き合うのか，今後な

にを頼りに生きていくべきか，心の深みで迷いが生じる。社会の至るところで，喪失（死）という絶望の淵から，新たな秩序を求め，再興へと向かおうとする動き，すなわち広義の意味での喪のプロセスが必要とされている，あるいは進行中だとも言えるのではないだろうか。

こうした喪失が溢れ，喪が必要とされるなかで必然的に湧き起こる，絶望感，不安，恐怖，怒り，焦りなどの感情は，感染力が強く，周囲を巻き込みやすい。感染すると，しばしば私たちの想像力は“ハイジャック”される。例えば，陰謀論など根拠のないアイディアを絶対と思いこませ，夢中にさせるのだ（Kalsched, 2021）。

服喪の途上で，故人の安寧を願う時，かけがえのない関係の継続を想いうかべる時，必要不可欠なのは，現実に留まりつつ故人を信じる柔らかな想像力である（清水, 2019）。しかし頑ななアイディアに乗っ取られ，柔らかに想像する余地を失うと，服喪追悼に影響が出はしないだろうか。

そのほか，コロナ禍の混乱が引き金となって，幼い頃の死の恐怖や，抑圧してきた悲嘆が蘇る場合がある（Kalsched, 2021）。その際，かつて服喪追悼が日延べされていたことに気づき，新たに苦悩が始まるかもしれない（清水, 2021）。

V　コロナ禍で悲嘆・服喪追悼とどう向き合うか

では，コロナ禍でやるせない別れに直面した場合，どう向き合ったらいいだろうか。

コロナ禍の死別で特殊な点として，あいまいさを残す喪失になりやすいこと，近い将来について不確実性が多く，従来の葬送儀礼が困難なことがあげられる。

まず，それらの事実を認識し，誰もがそれらに対して心理的負担を感じやすいことを知っておくことだ。すると，仕方のないことなのだと，自分の責任で現状を乗り越えよう，コントロールしようと硬くなっていた心の筋肉が緩む。結果，レジリエンスが高まっていく（ボス, 2015）。

また，世の中の不確実な要素に左右され過ぎぬ

よう，待てる部分と待たない部分を分けておくこともいいだろう。社会的な追悼は待つことはできても，喪のプロセスは，心に自然と湧き起こり流れていくものであり，待つ必要のない部分である。重なる喪失や困難な状況などにより，心に余裕がない場合も，悲嘆を否定せず，存在を認識しておくことは重要だ（清水, 2021）。一周忌などの節目を機に気持ちを切り替えようという人もいるだろう。しかし現況では従来のような集会が難しいこともあり，期待が裏切られるかもしれない。そこで，社会の規定に縛られ過ぎず，自らの服喪のタイミングで，例えば，まずはごく身近な人とだけで追悼の機会を設ける，故人に手紙を書き思いを届けるなど，「特別に弔う機会」という区切りを持つといいのではないか。尊厳のない最期に負い目を持っている場合も，故人に馴染みある方法で，生前を偲ぶ機会を設けることは意味を持つのではないか。

そして，孤立への配慮も必要である。大切な人を亡くした後は深い孤独を感じやすく，人の温もりが身に染みる時期であるが，コロナ禍で頻繁に人と交流することは難しい。特に，もともとサポートの少なかった人々の孤立が際立ってしまう。しかし，旧来のパンデミック禍と異なるのは，遠隔サービスの充実だろう。例えば，直接弔問できずとも，電報や供花等のネットサービスを利用し，共に悼む思い，心の温もりのやり取りを補うことができる。電話対応以外にも，オンライン礼拝や，ネットを介したグリーフケアや治療が行われている地域，国もある。このように，新たな技術を取り入れることも視野に入れ，孤立しやすいコロナ禍だからこそ余計に，互いに存在を気遣い合うことが助けになるだろう（Gorenko et al., 2021）。

最後に，社会全体の心理的混乱との向き合いである。社会の一員である以上，誰もが社会に漂う死への恐怖や不安，焦りなどの影響を少なからず受けうる。ウイルスそのものに対する感染予防だけでなく，多くの喪失を抱えた社会から，感情面での影響を必要以上に受けぬよう，想像力を奪い

取られぬよう，例えば，情報の過剰摂取を控える
などして外側の世界と心との間に線を引き，個人
の喪のプロセスを守ることも重要だろう。

VI　おわりに

　コロナ禍で，従来の葬送儀礼，病院で家族らに
囲まれての看取りは難しくなった。ただ，コロナ
禍以前から，喪のプロセスに対する象徴的な指標
として社会・文化で共有してきたもの以外にも，
家族葬の広まりや葬儀とは別のお別れ会開催など
に見られるように，故人との個人的なつながりを
より重視するものが増えていた（清水，2019）。
その動きは，コロナ禍でさらに強まったという見
方も可能かもしれない。

　また，病院や介護施設で長期間にわたり面会が
制限されるなか，看取り士のサポートのもと，在
宅死を選択する動きも加速している（朝日新聞，
2021）。自宅で死を迎えることは，病院死が常識
になる以前には一般的であった。慣れ親しんだ場，
人，ペット，物に囲まれ，ふれあいながらこの世
を去ることは，人間としてごく自然なあり方に違
いない。

　コロナ禍は，私たちの心理，価値観をこれまで
以上に強く揺さぶり，装いをはぎ取っていく。そ
れは精神的なダメージへのリスクも多々はらんで
いるものの，自粛要請により，一人の時間や家族
と過ごす時間が増えたことも相まって，故人との
つながり，大切な人，人たちとのつながりについ
て，個々人にとっての，より自然で本質的な部分
を見つめる機会をももたらしているのではないだ
ろうか。

▶文献

朝日新聞（2021）フロントランナー　一般社団法人「日本
　看取り士会」会長・柴田久美子さん抱きしめて，死に寄
　り添う（朝日新聞デジタル（asahi.com）［2021 年 7 月 5
　日閲覧］）．

ポーリン・ボス［中島聡美，石井千賀子 監訳］（2015）あ
　いまいな喪失とトラウマからの回復—家族とコミュニ
　ティのレジリエンス．誠信書房．

Braunstein N（2021）The return of Antigone Burial rites
　in pandemic times. In : F Castrillón & T Marchevsky
　（Eds）Coronavirus, Psychoanalysis, and Philosophy
　Conversations on Pandemics, Politics, and Society.
　Routledge.

Gorenko JA et al.（2021）Social isolation and
　psychological distress among older adults related to
　COVID-19 : A narrative review of remotely-delivered
　interventions and recommendations. Journal of Applied
　Gerontology 40 ; 3-13.

Goveas JS & Shear MK（2020）Grief and the COVID-19
　pandemic in older adults. American Journal of Geriatric
　Psychiatry 28 ; 1119-1125.

伊藤亜紗（2020）手の倫理．講談社［講談社選書メチエ］．

Kalsched D（2021）Intersections of personal vs.
　collective trauma during the COVID-19 pandemic :
　The hijacking of the human imagination. Journal of
　Analytical Psychology 66 ; 443-462.

小此木啓吾（1979）対象喪失—悲しむということ．中央公
　論新社．

清水加奈子（2019）喪と悲嘆の精神病理—喪の抑うつは，
　うつ病とどう違うのか．精神科治療学 34 ; 651-656.

清水加奈子（2021）死別後シンドローム—大切な人を亡く
　したあとの心と体の病い．時事通信社．

Taylor S（2019）The psychology of Pandemics :
　Preparing for the Next Global Outbreak of Infectious
　Diseases. Cambridge Scholar Publishing.

Zhai Y & Du X（2020）Loss and grief amidst COVID-19 :
　A path to adaptation and resilience. Brain, Behavior,
　and Immunity 87 ; 80-81.

[特集] 喪失・悲嘆──存在と不在の「あいだ」で回復を求めて

「あいまいな喪失」と「公認されない悲嘆」

被災者のレジリエンスにおける社会的影響

瀬藤乃理子 Noriko Setou

福島県立医科大学 医学部 災害こころの医学講座

I　喪失後の悲しみの社会的側面

「喪失・悲嘆」に対する臨床的なアプローチは，医学的モデルに影響を受け，歴史的にも個人の悲しみとその回復に焦点をあてたものが多い。愛着対象を失ったことによる悲しみは，個人の感情・身体・行動面からスピリチュアルな側面までも脅かし，その人の価値観や人生観，生き方を大きく変えることがある。死別後の苦悩が著しいとき，あるいは愛する人のいない生活への適応がうまく進まないとき，心理の専門家は「悲嘆の心理教育」「グリーフカウンセリング」「意味の探求」「悲嘆に対する認知行動療法」などの個人療法を提供し，クライエントの心理的苦痛に耳を傾け，直面している問題を整理し，新しい生き方を共に模索する。その意味では，個人療法は「喪失・悲嘆」の支援にとって，非常に重要な介入方法といえる。

一方，喪失後の悲嘆のありようやその後の回復は，家族や社会との関係性の中で大きく変化する。例えば，Walsh や MacGoldick ら「家族療法」の専門家は，死別後の家族関係の変化が，個人だけでなく家族システム全体，そして世代を超えてまで，深刻な心理社会的問題を引き起こすことがあると述べた。そして，何か問題が生じている場合には，家族やコミュニティなど，個人を取り巻くより大きなシステムとの相互作用からその問題をとらえ，「システム論」の視点から介入していく重要性を説いた（Walsh & McGoldrick, 2004）。また，さまざまな調査研究においても，死別後の遺族の心理的回復に，家族や友人など周囲の人たちの支え，いわゆるソーシャルサポートが非常に重要であることも指摘されている。

COVID-19 パンデミック（Pandemic：世界的感染流行）は，日本にも大きな影響を与え続けている「特殊災害」のひとつである。この災害をシステム論からみると，最も大きな地球規模のシステムに感染症が蔓延し，国・地域・家族・個人などすべてのサブシステムがその影響を受け，世界中の人々の平穏な日常が奪われた。そして，多くの人々に先行きの見通せない不安と混沌とした喪失感をもたらした。家族療法家である Pauline Boss は，「この流行による不確かさは，ビジネス，コミュニティ，家族，個人など，さまざまなレベルで起こっています。例えば，外にでる自由の喪失，生活のコントロール感の喪失，いつも通りの人間関係の喪失，金銭的・経済的な喪失，安全性の喪失，（中略）など広範囲です。これらはすべて『あいまいな喪失』と呼ぶことができます」と

述べ，コロナ禍の不安や喪失感を伴う状況を「あいまいな喪失」と名づけている（JDGS プロジェクト，n.d.；瀬藤，2021）。

この現状に人々が対処していくためには，「あいまいな喪失」を理解し，これまでの災害の知見や経験から学ぶ必要があると筆者は感じている。実際，このパンデミックは，「目に見えないものへの恐怖」「生活が脅かされるほどの制限」「スティグマ（差別・偏見）の横行」など，東日本大震災（2011 年）の原発事故後の福島の状況と共通点が多い。また，このような広範囲で大規模な災害になればなるほど，家族やコミュニティの回復なしに，個人の心理的回復を促すことはできない。そこで本稿では，災害による「喪失・悲嘆」の社会的側面と心理的影響について考察する。

II　災害によるあいまいな喪失の社会的側面

「あいまいな喪失理論と介入方法」を提唱する Pauline Boss は，家族療法の大家であった Whitaker が創始した「象徴・体験モデル」と呼ばれる学派に属し，この学派は日常臨床にとどまらず，災害や戦争など厳しい環境下で生じる PTSD などの心理的問題に積極的に取り組んできた（日本家族研究・家族療法学会，2013）。Boss は解決をみることがない不確実な喪失を「あいまいな喪失（ambiguous loss）」と名づけ，東日本大震災を含め，さまざまな事故・災害・紛争にかかわり，家族療法家として行方不明者家族や移民などへの支援を行っている（Boss, 2006；黒川ほか，2019）。Boss の介入の考え方は，「システム論」や「家族システム論」を基盤とし，あいまいな喪失では，喪失自体の「曖昧さ」が個人の心理的苦痛を強めるだけでなく，家族やコミュニティとの関係性が脅かされ，その結果，悲嘆が凍結すると考えている。

Boss はしばしば，「孤立があいまいな喪失の 1 番の敵」と指摘し，レジリエンス（回復力）を高めるために，周囲やコミュニティとの関係性に焦点をあてて介入する（Boss, 2012）。孤立が 1 番

の敵という言葉の裏には，「あいまいな喪失では，専門的な介入がなければ，家族の中でもコミュニティの中でも孤立しやすい」という意味が含まれている。

例えば，東日本大震災では，行方不明の家族の死亡届を出すのか，葬儀を出すのかといったことで，家族内での意見が分かれ，家庭でのコミュニケーションや関係性が難しくなった（黒川ほか，2019）。

また，9.11 の NY 同時多発テロのあと，埋葬する遺体をずっと探し続ける行方不明者家族に対し，次のような社会からのコメントが多かったと Boss（2002）は述べている。

　私が最も驚いたのは，ジャーナリストや政治家，そしてセラピストまでもがよく口にする言葉でした。「なぜ遺体があることがそんなに重要なのか？ 家族はあの瓦礫の山の中にいる人たちが，みんな死んでいることがわからないのか？」。

愛する人の死が確定しないにもかかわらず，それを認めるように迫るこのような言葉や暗黙の重圧は，多くの場合，行方不明者家族が社会から孤立していく原因となる。

そのほかにも，東日本大震災後の福島では，原発事故・避難・帰還問題などをめぐって，故郷やコミュニティの喪失など多くのあいまいな喪失が生じ，社会との関係性という側面において，多層的で複雑な問題が生じた（瀬藤ほか，2021）。例えば，原発事故後，地元を離れるのかとどまるのかについて，家族の中でも考え方や認識が大きく異なった。ある家族は退去し，別の家族は退去しなかったことは，コミュニティ内の分断を引き起こした。避難した被災者の多くはスティグマを恐れ，避難先の町で福島から避難してきたことを隠していた。また，避難先から地元に帰還した人たちは，町の風景やコミュニティに住む人たちがすっかり変わり，深い喪失感を感じていた。Boss は，多くの家族が生活基盤を失い，コミュニティ

表　公認されない悲嘆の分類

認められない関係	恋人，同性愛のパートナー，友人，隣人，里親，同僚，過去の配偶者や恋人，施設の同室者，支援職と支援の対象者　など
認められない喪失	流産や死産，中絶，ペットの死，認知症の悪化による心理社会的喪失，災害や事故などによる行方不明　など
排除された人	幼い子ども，高齢者，脳損傷の患者，認知症の高齢者，精神疾患や知的障がいのある人たち　など
喪失の状況	自死やエイズによる死，原発事故やパンデミックなどによる喪失や死　など
悲嘆の表し方	それぞれの社会や文化における暗黙の規範からはずれる場合　など

坂口（2010）p.6 の図表を引用者改変（下線は引用者が追記）

が根こそぎ変化してしまうという福島のあいまいな喪失を，「Losing a Way of Life（生きるすべを失う）」ほど異常な状況と指摘した（Boss, 2012；瀬藤ほか，2021）。

III　あいまいな喪失と公認されない悲嘆

このような喪失の曖昧さが及ぼす心理社会的影響の大きさから，Boss は「あいまいな喪失は，『社会的に公認されない喪失』といえる」と述べている。

「喪失・悲嘆」の領域では古くから「公認されない悲嘆」という用語がある。これは，悲嘆の社会的側面に早期から着目した Doka（2002）が提唱した概念である。

通常，愛する人を亡くすと，遺族にはその死を公に悲しむことができる葬儀などの社会的儀式があり，それ以外でも残された家族同士や周囲の人々からのサポートがある。しかし，ある種の状況では，こういった通常はある公に喪に服する場やサポートがなかったり，得られなかったりする。Doka はそれを，喪失の悲しみが社会的に認識されず，悲しむ権利が剥奪されているという意味で，「公認されない悲嘆（Disenfranchised Grief）」[注]と呼んだ（Doka, 2002）。例として，恋人や同性愛のパートナーなど法的に家族と認められない場合，周産期の死やペットロスなど愛する対象の死が過少評価されがちな場合，幼い子どもや高齢者など悲しみがそれほど深くないと思われがちな場合，自死やエイズなど公に語りにくい死などが含

まれる（表）（Doka, 2002；坂口，2010）。

この分類に「あいまいな喪失」をあてはめると，生きているのか，生きていないのかわからない行方不明の状態は「認められない喪失」に，認知症の悪化は本人のみならず家族にとっても「認められない喪失」に，原発事故やパンデミックなどによる死は「公に語りにくい喪失の状況」ともいえる。このように，確かにこの2つの概念は重複する面が多い。

このような死をめぐる社会的・文化的要因は，個人が体験する「グリーフ（悲嘆）」と，深い悲しみの中で心の整理をつけていく「モーニングワーク（喪の作業）」の両方に影響を与える（Doka, 2002）。喪失の曖昧さは，心の内面の悲しみをどのように表現すればよいのかをわからなくする。また，悲しむ権利を奪われる喪失の性質が，喪失をかかえる人たちをサポート源から遠ざけ，その人たち自身も悲しみをわかってもらえないと内に秘めてしまうため，さらなる問題を生み出しやすい（Doka, 1989）。さらには，介入場面においても，セラピストにそのような喪失への認識不足があると，「共感性」という面で失敗を起こしやすいことも指摘されている（Doka, 2002）。そのため，喪失の支援においては，そのような見過ごされやすい社会的状況に留意し，着目することが重要なのである。

注）"enfranchise" は「公民権を与える」という意味。

Ⅳ　喪失の中でのレジリエンスの糸口

　歴史的にも Doka の「公認されない悲嘆」の概念は，それまで認識されていなかった幅広い遺族の経験を明らかにし，悲嘆の文化的・社会的側面に問題提議を投げかけ，「喪失・悲嘆」の領域の研究を前進させたといわれている（Doka, 2002）。一方，Boss は「喪失の曖昧さ」による問題点を明らかにしただけでなく，実際の介入方法を生み出し，臨床場面で使えるように集大成した。喪失の曖昧さは，結果として，抑うつや無力感，不安感，人間関係の葛藤などを高い割合で引き起こすため，Boss は専門的な介入の重要性を説いている（Boss, 2002；瀬藤ほか，2021）。

　Boss の介入方法の軸は，冒頭で述べたように，「家族やコミュニティとの関係性」であり，そこから「レジリエンス」の糸口を探していく。その介入方法は「6つのガイドライン」（図）としてまとめられており（JDGS プロジェクト，n.d.），詳細な成書もある（Boss, 2006；黒川ほか，2019）。Boss は，目の前にいる個々のクライエントの「症状」にフォーカスするのではなく，より大きなシステム（家族・地域）と喪失の状況に対する「認識」に焦点をあてる。介入のゴールは，コミュニティの中の「心の家族」と呼べる人たちとの関係性を調整し，曖昧さへの「耐性を高める」ことであり，曖昧さに決着をつけ，家族全員が同じ意見をもてるように働きかけることではない。ひとりひとりの意見が違ってもよいという前提で，家族がお互いの思いに耳を傾けるように介入する。Boss の方法は，いわゆる「問題解決型のアプローチ」ではなく，支えあえる関係性の中で個人のレジリエンスを高め，「解決できない苦痛や苦難をもちながらも，より良く生きていくことを支援する」アプローチといえる（Boss, 2006）。

　このような家族やコミュニティを巻き込んだ介入の視点は，特に災害時においては，あいまいな喪失に限らず，死別を経験した遺族の支援においても非常に重要となる。外傷的な死別後，遺族は

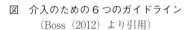

・意味を見つける
・人生のコントロール感を調節する
・アイデンティティを再構築する
・両価的な感情を正常なものとみなす
・新しい愛着の形を見つける
・希望を見出す

図　介入のための 6 つのガイドライン
（Boss（2012）より引用）

しばしば悲しみをひとりでかかえたまま孤立しやすい。例えば，家族が悲惨な災害に巻き込まれて亡くなると，神や運命に，救ってくれなかった人々に，自分や家族に対してなど，コントロールできないほどの強い怒りを感じ，人を遠ざけてしまうことがある。また，悲しみに触れられることを怖がったり，かわいそうな人と思われることを恐れて，孤立していく人もいる。

　このようなときでも，周囲の人たちの「温かい見守り」や「絆」が，遺族のグリーフワークの変化を生み出す土台となる（瀬藤・前田，2019）。専門家による個人療法を行う場合も，周囲の人たちによって提供されるそのような土台があってこそ介入が生きるのである。

Ⅴ　専門家の役割

　Boss の「あいまいな喪失」も，Doka の「公認されない悲嘆」も，一般の人にとっては，そのような状況に置かれている人に，なんと声をかけてよいのか，どのように支えればよいのかが，きわめて難しい。さらには，いったん孤立してしまうと，なかなかその人に近づくことができない。

　筆者はこの 10 年，Boss から指導を受ける中で，だからこそあいまいな喪失の支援においては，専門家にはいくつかの重要な役割があると学んだ。1つ目に，あいまいな喪失によって生じる心理社会的問題に深い理解をもち，家族やコミュニティとの関係性に着目して支援していくこと，2つ目

に，回復に役立たない社会の思い込みや規範（男性あるいは女性はこうあるべきなど），誹謗や中傷から距離をとらせ，その人は悪くないと伝え続け，それらから当事者を守ること，3つ目として，専門家が自ら声を出せない人たちの代弁者となり，政治家やマスメディアに対して必要な支援や施策を訴えることである。

　冒頭に述べた現在のパンデミックに話を戻そう。このパンデミックは多くのあいまいな喪失に満ちており，しかも，通常の災害よりも状況がさらに混沌とし，かつ持続的である

　システム論からコロナ禍をみたとき，他国の感染状況次第で，今後も必ず日本にも影響が及ぶ。開発途上国は，マスクも，手を洗う水も，ワクチンもなく，先進国からの支援が減少した分，飢餓が大幅に進行している。そのような国々の感染拡大は今後も続くであろう。また，国内においても，医療従事者や飲食・観光業界などの人たちは，もはやぎりぎりの状況の人も多い。子どもや若者は，成長・発達の大切な時期に大きな制限を受け続け，家庭が安全でない子どもや女性への影響はなお一層深刻である。また，感染で家族を失った人たちは，最期のお別れもなく愛する人を亡くした。強い国や強い人だけが生き延びるのではなく，すべての人が「共生」できるかどうかが，このコロナ禍で問われているようにも感じる。

　今の状況を「あいまいな喪失」のレンズを通してみたとき，専門家は目の前に訪れる人の治療を行うだけでなく，今後，困難をかかえている人たちに明らかな問題が多発する前に，先を見越した予防的な関わりを行うと同時に，コロナ禍の心理社会的問題に対し，広く社会的啓蒙を行うことが重要であろう。そこでのキーワードは，Bossが

ずっと強調しているように，このような中でも「人とのつながり」を保ち，「苦痛や苦難をもちながらもよりよく生きていく」ための創意工夫，そして6つのガイドラインの最後にある「希望を見出す」メッセージや方策を，社会にもっと働きかけていくことではないかと筆者は感じている。

▶文献

Boss P（2002）Ambiguous loss : Working with families of the missing. Family Process 41-1 ; 14-17.

Boss P（2006）Loss, Trauma, and Resilience : Therapeutic Work with Ambiguous Loss. W.W. Norton.（中島聡美，石井千賀子 監訳（2015）あいまいな喪失とトラウマからの回復—家族とコミュニティのレジリエンス．誠信書房）

Boss P（2012）福島講演会資料（https://al.jdgs.jp/wp-content/uploads/Fukushima_lecture.pdf［2021年8月31日閲覧］）.

Doka KJ（Ed）（1989）Disenfranchised Grief : Recognizing Hidden Sorrow. Jossey-Bass.

Doka KJ（Ed）（2002）Disenfranchised Grief : New Directions, Challenges, and Strategies for Practice. Research Press.

JDGSプロジェクト（n.d.）あいまいな喪失ウェブサイト（https://al.jdgs.jp/［2021年8月31日閲覧］）.

黒川雅代子，石井千賀子，中島聡美，瀬藤乃理子 編著（2019）あいまいな喪失と家族のレジリエンス—災害支援の新しいアプローチ．誠信書房.

日本家族研究・家族療法学会 編（2013）家族療法テキストブック．金剛出版.

坂口幸弘（2010）悲嘆学入門．昭和堂.

瀬藤乃理子（2021）パンデミックにおけるあいまいな喪失とレジリエンスの視点．家族療法研究 38-2 ; 97-98.

瀬藤乃理子，前田正治（2019）災害とグリーフワーク．精神療法 45-2 ; 193-199.

瀬藤乃理子，前田正治，本郷由美子ほか（2021）原発事故と避難による福島の「あいまいな喪失」—遠く離れた故郷への思い．現代の図書館 59-1 ; 17-24.

Walsh F & McGoldrick M（2004）Living beyond Loss : Death in the Family. 2nd Ed. W.W. Norton.

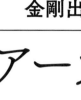

金剛出版オンラインイベント

アーカイブ動画レンタル配信

金剛出版主催の過去のオンラインイベント（一部）のレンタル配信サービスをスタートいたしました。Vimeo（動画配信サイト）よりお申込み・視聴頂けますのでぜひご利用ください。

充実の講師陣でお届けする、オンラインイベントの熱気を再び！

◆配信イベント

収録日	イベント名
【2021年】	
7月12日	関係精神分析への招待：米国の新しい精神分析の潮流を知る
	【演者】吾妻 壮・岡野憲一郎・横井公一
6月20日	心理療法のさまよい方
	——カルトとエビデンスを巡る、精神分析×認知行動療法の対話
	【演者】上田勝久・三田村仰・山崎孝明
6月 5日	精神分析は生き残れるか？
	——愛と批判が燃え盛る炎のブックトーク
	【演者】藤山直樹・東畑開人・山崎孝明
5月24日	子どもの心理療法とセラピストの成長
	【演者】吉沢伸一・松本拓真・小笠原貴史・若佐美奈子
5月17日	複雑性PTSDの重要性と危険性
	——［対人支援者の傷つき］の実態と対策をふまえたディスカッション
	【演者】飛鳥井望・神田橋條治・高木俊介・原田誠一
4月 5日	クラインとビオンから学ぶ：現代精神分析への招待
	【演者】松木邦裕・清野百合
3月20日	性のお話・隠さず・飾らず・あっけらかんと
	【演者】小栗正幸・國分聡子
2月11日	「コミュニケーションが不自由」って？
	【演者】鈴木大介・山口加代子
1月23日	児童思春期臨床で一番大事なこと：発達障害をめぐって
	【演者】青木省三・本田秀夫
【2020年】	
12月 2日	回復（リカバリー）を巡る対話
	——当事者と専門家の「共通言語」を求めて
	【演者】信田さよ子・倉田めば
9月12日	文化＝物語×社会
	【演者】江口重幸・東畑開人

Ψ金剛出版

東京都文京区水道1-5-16　電話 03-3815-6661　FAX 03-3818-6848
https://www.kongoshuppan.co.jp/

QRコードから
Vimeo金剛出版
オンデマンドページに
アクセスできます。

臨床心理学

Vol.21 No.5（通巻125号）[特集]自殺学入門──知っておきたい自殺対策の現状と課題

★ 好評発売中 ★

✽ 欠号および各号の内容につきましては，弊社のホームページ（https://www.kongoshuppan.co.jp/）に詳細が載っております。ぜひご覧下さい。

◉ B5判・平均150頁　◉ 隔月刊（奇数月10日発売）　◉ 本誌 1,760円・増刊 2,640円／年間定期購読料 13,200円（10%税込）※年間定期購読のお申し込みに限り送料弊社負担

◉ お申し込み方法　書店注文カウンターにてお申し込み下さい。ご注文の際には係員に「2001年創刊」と「書籍扱い」である旨，お申し伝え下さい。直送をご希望の方は，弊社営業部までご連絡下さい。

◉「富士山マガジンサービス」（雑誌のオンライン書店）にて新たに雑誌の月額払いサービスを開始いたしました。月額払いサービスは，雑誌を定期的にお届けし，配送した冊数分をその月ごとに請求するサービスです。月々のご精算のため支払負担が軽く，いつでも解約可能です。

Ψ 金剛出版　〒112-0005　東京都文京区水道1-5-16　URL https://www.kongoshuppan.co.jp/
Tel. 03-3815-6661　Fax. 03-3818-6848　e-mail　eigyo@kongoshuppan.co.jp

原著論文

就学前にはじめて発達相談を受けた
子ども57名のWPPSI-IIIの特徴
発達障害評価尺度及びワーキングメモリー検査のアセスメントバッテリーの適用

岡田 智 [1)]・桂野文良 [2)]・岡田博子 [3)]・石崎滉介 [4)]・江本優衣 [5)]・田畑牧子 [6)]

1）北海道大学大学院教育学研究院
2）小樽市立稲穂小学校
3）札幌市豊平保健センター
4）北海道大学大学院教育学院
5）札幌市知的障害者更生相談所
6）小樽市立朝里小学校

　本研究では相談機関に初めて来談した就学前幼児 57 名に対して，WPPSI-III，WISC-IV ワーキングメモリー下位検査，自閉症スペクトラム障害（ASD）及び注意欠如多動性障害（ADHD）に関する保護者評定検査を実施した。保護者評定検査により群分けした ASD リスク群（$N=16$），ADHD リスク群（$N=11$），重複群（$N=10$），other conditions 群（$N=20$）の認知プロフィールを報告した。全検査 IQ は ASD リスク群及び ADHD リスク群では平均域であったが，重複群及び other conditions 群では低かった。また，それぞれの群で先行研究と類似する特徴的な指標プロフィールを示した。ADHD リスク群では WISC-IV ワーキングメモリー下位検査をバッテリーさせることでその特徴を描き出すことができ，また，WPPSI-III 処理速度と ASD 特性が関連することを明らかにした。本研究では WPPSI-III を臨床活用する際の臨床群ごとの認知プロフィールを提供するとともに，ワーキングメモリー検査と発達障害の困難に関する保護者評定をバッテリーさせることの臨床的有用性を確認した。

キーワード：WPPSI-III，認知プロフィール，自閉症スペクトラム障害，ADHD，就学前児童

臨床へのポイント ・・

- WPPSI-III を中心とした包括的アセスメントを行う際に，就学前児童の認知発達や発達障害の困難を見立てるための参考となる臨床群データを提供した。

- WPPSI-III にワーキングメモリー検査及び発達障害に関する保護者評定検査をバッテリーさせることで，発達障害リスクのある子どもの認知プロフィールや障害特性を把握しやすくなり，生態学的に妥当な解釈が可能となる。

- 幼児の認知発達のアセスメントに関しては，不注意や切りかえ困難など実行機能の問題，社会経済的背景や家庭養育的背景などの検査結果への影響因にも焦点を当てていく必要がある。

・・

Japanese Journal of Clinical Psychology, 2021, Vol.21 No.6 ; 723-730
受理日――2021 年 5 月 24 日

Ⅰ　問題と目的

　ウェクスラー検査は年齢により，幼児用（Wechsler Primary and Preschool Scale of Intelligence : WPPSI），児童用（Wechsler Intelligence Scale for Children : WISC），成人用（Wechsler Adult Intelligence Scale :

WAIS）の 3 つに分かれる。WAIS 及び WISC は医療機関や特別支援教育などで主要なアセスメント手段となっており，頻繁に活用されている。一方，WPPSI の初版は対象年齢が 4 〜 6 歳程度と適用幅が狭く，1969 年に日本版の初版が刊行されてから，50 年近くも日本では改訂版が作成されず，検査項目や標準化

データが時代にそぐわないこともあり，最近では臨床場面ではほとんど使用されていなかった。しかし，日本では2017年にWPPSIの第3版（WPPSI-III）が刊行され，就学前の子どもの認知機能の測定に使われ始めている（岡田・桂野・山下，2019）。就学前の子どもの認知特性のアセスメントは，就学先を検討するための資料となるだけでなく，就学後の学習や集団適応面での困難を予測し，保育所・幼稚園から支援を引き継ぐ際にも貴重な資料にもなる。

WPPSI-IIIは7つの下位検査で全検査IQ(FSIQ)を，さらに補助検査1つを加え8つの下位検査で言語理解指標（Verbal Comprehension Index：VCI），知覚推理指標（Perceptual Reasoning Index：PRI），処理速度指標（Processing Speed Index：PSI）の3つの指標得点が算出できる。「知識」「単語」「語の推理」でVCI，「積木模様」「絵の概念」「行列推理」でPRI，「符号」「記号探し（補助検査）」でPSIが構成され，一部基本検査と補助検査が入れ替わってはいるが，概ねWISCの最新版（WISC-IV）の構成と同じである。ただし，読みや算数，注意コントロールなどと密接に関係するワーキングメモリー（室橋，2009）を測定する下位検査は，WPPSI-IIIや幼児期に頻繁に使われる発達検査には組み込まれておらず，就学後の困難を包括的に予測することには限界がある。原版WPPSIの最新版であるWPPSI-IVは海外で2012年に出版されているが，この新しいバージョンでは，Picture MemoryとZoo Locationの2下位検査が採用され，ワーキングメモリーの算出が可能になった。しかし，日本ではWPPSI-IIIが2017年に刊行されたばかりであり，次の改定まではもうしばらくかかるであろう。そのため，現行のアセスメント手段を用いて，どのようにワーキングメモリーを測定するか，検査バッテリーを組むかが課題となっている。

WPPSI-IIIの臨床群データは，原版WPPSI-III開発時に公開されており，知的ギフテッド，知的障害，発達遅延，発達リスク（周産期異常，低出生体重，虐待など），注意欠如多動症（Attention-Deficit Hyperactive Disorder：ADHD），自閉性障害，表出性言語障害，受容−表出混合性言語障害のサンプルの指標得点及び下位検査プロフィールが示されている（Wechsler, 2002）。また，ADHDのプロフィール（Jaščenoka, Korsch, Petermann, & Petermann, 2015），自閉症スペクトラム障害（Autism Spectrum Disorder：ASD）のプロフィール（Hedvall, Fernell, Holm, Johnels, Gillberg, & Billstedt, 2013）も検討されている。ASDでは，定型発達に比べてよりFSIQが低下しやすく，VCI及びPSIがPRIに比べ落ち込みやすいプロフィールである（Hedvall et al., 2013；Wechsler, 2002）。そして，言語発達の遅れに加え，処理速度の遅さとその背景にある認知的柔軟性などの実行機能の問題が指摘されている（Hedvall et al., 2013）。ADHDでは，FSIQの数値が90台前半とやや低くなりやすく，VCI，PRI，PSIには大きな偏りはみられない（Jaščenoka et al., 2015；Wechsler, 2002）。不注意や抑制困難などが関係するワーキングメモリー指標がWPPSI-IIIには組み込まれていないことがADHDの認知プロフィールを平たんにしている可能性がある。WISC-IVでは頻繁に，ADHDや不注意症状のある子どもたちでワーキングメモリー指標の低下が報告されている（例えば，Bartoi, Issner, Hetterscheidt, January, Kuentzel, & Barnett, 2015；Mayes & Calhoun, 2006）。これら先行研究においては，サンプルサイズやサンプリング方法に限界があり，臨床群を代表しているわけではないと言及されてはいるが，このような臨床群プロフィールは，診断や治療の際の包括的アセスメントの参考資料として用いられる（Wechsler, 2002）。特に，知能検査の合成得点を中心にした個人内差の測定は，教育や指導療育の現場では長所活用型指導（藤田・青山・熊谷，1998）や認知特性に応じた指導（上野・海津・服部，2005）に直接的につながるため，重要視されている。しかし，これまでのWPPSI-IIIの臨床群のプロフィールの報告は，すべて海外のものであり，日本ではまだ報告されていない。

そこで本研究では，就学前に相談機関に初めて来談した幼児に対して，WPPSI-III，WISC-IVワーキングメモリー下位検査，ASD及びADHDの発達障害評価尺度を実施した。そして，ASD及びADHDの困難の有無ごとのWPPSI-IIIでの認知プロフィールを報告する。そして，WPPSI-IIIにワーキングメモリーの下位検査及び発達障害評価尺度をバッテリーさせることの有用性を確認する。

II 方法

1 研究協力者

筆者らが関係する地域の相談・教育機関で相談を受

けているケースで，これまでこれ以外に専門機関を受診・来談しておらず，発達検査または知能検査も受けていない 5 〜 6 歳のケースに対して，研究協力の案内を行った。不適切養育状況や親子関係への支援が優先されるケース，親子分離が難しい，発達の遅れがあるなどして知能検査実施が難しいことが予想されるケースに対しては調査の案内を行わなかった。結果，北海道大学来談ケース 23 組と地域の相談・教育機関ケース 34 組の合計 57 組の家族が調査に申し込んだ。WPPSI-III 実施時の年齢平均 5.8 歳（$SD = 0.5$），年齢範囲は 5 歳 0 カ月〜 6 歳 11 カ月，男子 43 名，女子 14 名，すべて北海道在住の子どもたちである。2018年 5 月〜 2019 年 11 月の期間で，北海道大学教育学研究院附属子ども発達臨床研究センターにて WPPSI-III 及び WISC-IV のワーキングメモリー指標下位検査を実施し，保護者には面接を通して ASD 及び ADHDに関する発達障害評価尺度を実施した。

子ども本人及び保護者へ研究協力を依頼する際には，回収した情報は速やかにデータ化してシュレッダー処理を行うこと，研究成果の公開は個人情報が特定化されない統計処理されたデータのみを使用することを伝え，研究協力と論文等での発表についての同意を書面で得た。本研究は北海道大学大学院教育学研究院研究倫理委員会（承認番号 15-35）の承認を受けた。

2　調査手続きと実施尺度

実施した尺度は，「日本版 WPPSI-III」「日本版 WISC-IV ワーキングメモリ下位検査：数唱，算数」「親面接式自閉スペクトラム症評定尺度短縮版（Parent-interview ASD Rating Scale：以下，PARS）」（発達障害支援のための評価研究会，2013）「ADHD 評価スケール（以下，ADHD-RS）」（DuPaul, Power, Anastopoulos, & Reid, 1998）の 4 つである。

臨床心理士，公認心理師である第一著者及びウェクスラー検査の心理アセスメントの研修を 30 時間以上積んだ心理系大学院生 2 名，ウェクスラー検査の実施経験が豊富な小学校教諭 2 名が，子どもに対してWPPSI-III の 7 基本検査及び補助検査「記号探し」を実施した。また，WPPSI-III 実施後すぐに，WISC-IVの「数唱」「算数」のワーキングメモリー下位検査も実施した。これらの実施法及び合成得点，評価点の算出法は，それぞれの実施マニュアルに従った。

本研究では短縮版を実施したため，PARS の得点範囲は 0 〜 24 点となり，ASD の困難があると判定されるカットオフ値は 5 点となる（発達障害支援のための評価研究会，2013）。このカットオフ値を超えたものを ASD リスク群とした。また，ADHD-RS は不注意項目 9 項目，多動性−衝動性項目 9 項目からなり，得点範囲はそれぞれ 0 〜 27 点となる。DuPaul et al.（1998）及び Cerrillo-Urbina, García-Hermoso, Martínez-Vizcaíno, Pardo-Guijarro, Hermosa, & Sánchez-López（2018）の有用とされるカットオフを参考にし，不注意得点（以下，ADHD-IA），多動性−衝動性得点（以下，ADHD-HI）のいずれかが 90％ile のカットオフ値を超えている場合 ADHD リスク群とした。さらに，ASD リスク群，ADHD リスク群の双方に該当したものを重複群とし，そのどちらにも該当しなかったものを other conditions 群とした。これらにより，57 名は ASD リスク群 16 名，ADHD リスク群 11 名，重複群 10 名，other conditions 群 20 名に分類された。なお，ADHD-RS での ADHD-IA のカットオフ値のみを超えたものは 11 名（ADHD リスク群 6 名，重複群 10 名），ADHD-HI のカットオフ値のみを超えたものは 4 名（ADHD リスク群 3 名，重複群 1 名），2 つの得点双方のカットオフを超えたものは 5 名（ADHD リスク群 1 名，重複群 4 名）であった。

3　分析方法

臨床群ごとに全検査 IQ（FSIQ）及び VCI，PRI，PSI，ワーキングメモリ指標（WMI）の合成得点，そして，下位検査評価点の平均値を算出する。そして，臨床群のそれぞれで，VCI，PRI，PSI，WMI の4 指標得点間に差があるかどうか 1 要因 4 水準の分散分析を行う。また，先行研究（Hedvall et al., 2013；Jaščenoka et al., 2015；Wechsler, 2002）の臨床サンプルにおける WPPSI-III プロフィールも合わせて描き，比較を行う。さらに，発達障害特性が WPPSI-III 指標得点と関連するかをみるために，PARS 及び ADHD-IA，ADHD-HI の得点と WPPSI-III 指標得点の相関係数を算出する。

III　結果と考察

1　臨床群ごとの知的発達

各群の WPPSI-III FSIQ・指標得点・下位検査得点を表 1 に示す。FSIQ に関しては，ASD リスク群及び ADHD リスク群が標準的な水準であり，重複群及

表 1　記述統計

	ASD リスク群 (N=16)	重複群 (N=10)	ADHD リスク群 (N=11)	other conditions 群 (N=20)	全体 (N=57)
年齢（月齢）	67.4(5.9)	69.0(7.8)	69.5(6.1)	70.3(6.5)	69.1(6.4)
FSIQ	102.6 (23.1)	88.0 (15.2)	103.9 (15.0)	86.7 (14.1)	94.7 (18.8)
VCI	99.9 (18.9)	90.3 (19.2)	100.5 (9.3)	88.2 (15.6)	94.2 (16.9)
PRI	106.9 (22.9)	90.1 (14.8)	99.4 (16.9)	87.8 (15.6)	95.8 (19.4)
PSI	98.6 (15.7)	86.4 (11.4)	102.4 (15.6)	96.4 (17.6)	96.4 (16.2)
WMI	94.5 (20.0)	85.7 (12.5)	83.4 (12.0)	85.8 (18.8)	87.8 (17.2)
知識	10.1 (3.7)	8.2 (3.0)	10.9 (2.0)	8.0 (2.9)	9.2 (3.2)
単語	10.1 (4.0)	9.0 (3.7)	9.3 (1.7)	8.6 (3.1)	9.2 (3.3)
語の推理	9.3 (3.0)	6.9 (3.9)	9.8 (2.6)	7.5 (2.5)	8.3 (3.1)
積木模様	10.6 (4.0)	9.5 (3.2)	8.7 (2.4)	8.7 (2.8)	9.4 (3.2)
行列推理	11.1 (2.9)	9.1 (2.8)	11.5 (2.7)	8.4 (3.1)	9.9 (3.2)
絵の概念	11.2 (4.5)	6.3 (2.7)	9.6 (4.2)	7.6 (2.7)	8.8 (4.0)
記号さがし	10.1 (3.3)	7.1 (3.9)	10.3 (3.4)	9.2 (3.7)	9.3 (3.7)
符号	9.1 (3.3)	8.1 (3.3)	10.2 (2.8)	9.3 (2.8)	9.2 (3.0)
数唱	8.3 (3.5)	6.3 (3.1)	6.5 (2.5)	7.2 (3.2)	7.2 (3.2)
算数	9.9 (4.7)	8.9 (3.5)	7.9 (2.5)	8.0 (3.7)	8.6 (3.8)
ADHD-IA	5.8 (4.2)	14.2 (3.0)	11.0 (4.3)	6.6 (3.3)	8.5 (4.9)
ADHD-HI	5.3 (3.9)	12.3 (5.0)	9.1 (5.8)	5.2 (3.5)	7.2 (5.1)
ADHD-all	11.1 (6.6)	26.5 (5.6)	20.0 (6.0)	11.8 (5.4)	15.7 (8.3)
PARS	7.1 (2.2)	8.1 (3.3)	2.1 (1.6)	2.5 (1.5)	4.7 (3.3)

（　）は SD

び other conditions 群は 90 を下回る低めの水準であり，分散分析の結果，群間に主効果がみられた（$F_{(3, 56)} = 4.03$, $p = .012$, 偏 $\eta^2 = .186$, Bonferroni 多重比較：ASD リスク群 > other conditions 群，$p = .065$，ADHD リスク群 > other conditions 群，$p = .065$）。FSIQ が 85 以下のケース数が，ASD リスク群 3 名（19%），ADHD リスク群では 1 名（9%），重複群 3 名（30%），other conditions 群 10 名（50%）おり，other conditions 群は軽度の知的発達の遅れまたは境界知能に相当するケースが半数を占める群であることがわかる。また，ASD リスク群は FSIQ の範囲が 56〜139 と広く，また標準偏差が 23.1 と大きく，知的発達水準に大きな個人差を示している。

　さらに，ASD と ADHD の困難が重複すると，FSIQ が低くなる傾向があった。これら困難の重複する臨床データを調べた研究は他にないが，ADHD 及び発達性協調運動障害が重複する群では ADHD 群及び発達性協調運動障害群，統制群よりも，FSIQ が低下していたという報告がある（Jaščenoka et al., 2015）。また，原版 WPPSI-III（Wechsler, 2002）及び

Jaščenoka et al.（2015），Hedvall et al.（2013）の臨床サンプルのプロフィールを見てみると，自閉症群及び ADHD 群は統制群と比べて，FSIQ 値が低下していた。これらのことを加味すると，行動調整や社会性などの困難は，幼児期の認知発達にマイナスの影響を及ぼす可能性があり，重複するとより認知発達が遅れやすいことを示している。ただ，本研究結果において ASD リスク群及び ADHD リスク群では FSIQ は標準域であり，先行研究とは矛盾する結果ではある。本研究協力者は就学前に初めて専門機関に来談したケースであり，早期から ASD や ADHD の症状が顕在化したものは本調査データには含まれていないことも関係すると思われる。発達障害特性と認知発達についての関係性は追って調査する必要がある。

2　臨床群ごとの指標得点プロフィール

　各群の指標得点プロフィールを検討するために，先行研究で報告されている臨床群のプロフィールも合わせて図示した（図 1）。本研究の ASD リスク群は先行研究と比べて能力水準が高いといえるが，VCI と PSI

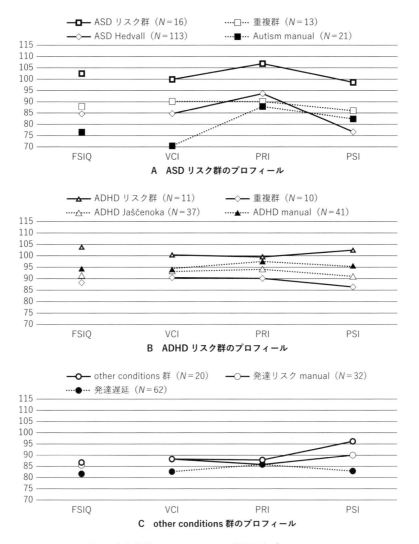

図 1　各臨床群における WPSSI-III 指標得点プロフィール

ASD manual，ADHD manual，発達遅延 manual，発達リスク manual は Wechsler（2002），
ADHD Hedvall は Hedvall et al.（2002），ADHD Jaščenoka は Jaščenoka et al.（2015）より転載

が PRI に比べ低くなる山型のプロフィールは共通していた（図 1A）。ASD リスク群の VCI，PRI，PSI，WMI の 4 つに有意差はなかったが，小さい効果がみられた（F（3, 60）= 1.13, p = .346, 偏 η^2 = .053）。ASD の早期からの社会性の困難は初期言語発達と相関し（Mundy, Sigman, Ungerer, & Sherman, 1987 ; Toth, Munson, Meltzoff, & Dawson, 2006），ASD の乳幼児は言語発達の遅れやすいことが頻繁に指摘されている（例えば，Freitag, 2015）。ASD において PSI の低下はウェクスラー検査プロフィールでは頻繁にみられることでもある（例えば，Hedvall et al., 2013）。ASD

リスク群の結果は，ASD のある幼児にみられる典型的なプロフィールパターンであると言えよう。

ADHD リスク群においては VCI，PRI，PSI は 100 前後でフラットであり，これら 3 つの指標得点に差はなかった。これは，指標得点水準に違いはあるものの，指標得点プロフィールは先行研究（Jaščenoka et al., 2015 ; Wechsler, 2002）と同様の結果であった（図 1B）。しかし，バッテリーさせた WMI が 85.7 と低下しており，VCI，PRI，PSI と比較すると有意差がみられた（F（3, 36）= 4.48, p = .008, 偏 η^2 = .252, Bonferroni 事後検定：VCI > WMI, p = .034, PRI >

WMI, $p = .057$, PSI > WMI, $p = .015$)。

重複群は4つの指標得点間に有意差はみられず（F $(3, 36) = 0.27$, $n.s.$, 偏 $\eta^2 = .022$)，得点水準も 85.7 ～ 90.3 と低かった。特に，ASD と ADHD では低くなりやすい PSI 及び WMI で 85.7，86.4 と 1SD ほど平均よりも低い値であった。本研究結果は，重複群が全体の得点水準が低いだけでなく，ASD 及び ADHD の特徴が表われていた。

other conditions 群は FSIQ 及び指標の得点水準からも知的障害や発達遅延を含む群であるといえる。しかし PSI が 96.4 と平均の範囲で，それ以外は 80 点台と低めであり，指標得点間にばらつきがみられた（$F(3, 76) = 1.52$, $p = .217$, 偏 $\eta^2 = .056$)。この PSI のみが高くなるのは先行研究（Wechsler, 2002）の発達リスク群（周産期異常，低出生体重などの生物学的要因や，虐待・ネグレクト，栄養失調などの環境的要因など）と類似する。other conditions 群の下位検査をみてみると「記号探し」「符号」「数唱」以外は，評価点が 9.0 を下回り，全体的に得点が低かった。「記号探し」「符号」「数唱」は知的能力の中核となる結晶性能力や流動性能力を要求しない課題である（Flanagan & Kaufman, 2009; Wechsler・日本版 WISC-IV 刊行委員会，2014）。結晶性能力及び流動性能力を示す下位検査や指標得点で低得点であるのは，この群が元来の生理要因と環境要因による認知発達の遅れが混在していることが背景にあると考えられる。

3　WPSSI-III 指標得点と発達障害特性との関連

WPPSI-III 指標得点と PARS, ADHD-IA, ADHD-HI の Pearson の積率相関係数を算出した（表2）。ASD 特性を表す PARS と WPPSI-III の PSI に弱いながらも有意な相関がみられた。WISC-IV などの研究において，自閉性障害やアスペルガー障害などの下位分類に限定したサンプルや ASD や広汎性発達障害のサンプルにおいても一貫してみられるのは，PSI の低下である（Hedvall et al., 2013; Oliveras-Rentas, Kenworthy, Roberson, Martin, & Wallace, 2012）。また，Hedvall et al.（2013）は，ASD の子どもにおいて，PSI とヴァインランド適応行動尺度「コミュニケーション」「日常生活スキル」との間に $r = .55$ 及び $r = .32$ の有意な相関を見出し，切りかえ（shifting）などの実行機能が関係していることを指摘した。さらに，Oliveras-Rentas et al.（2012）も，PSI と ASD

表2　WPPSI-III と発達障害尺度の相関

	ADHD-RS		PARS
	IA	HI	
FSIQ	−.033	.158	−.086
VCI	−.050	.170	−.124
PRI	−.036	.094	.042
PSI	−.119	.069	−.294 *
WMI	−.065	−.006	−.005

* $p < .05$
IA：ADHD-RS 不注意得点
HI：ADHD-RS 多動性・衝動性得点

の診断ツールである Autism Diagnostic Observation Schedule（ADOS）の得点との間に $r = -.36$ の有意な相関関係を報告し，ASD 症状と PSI の関係について指摘した。これらのことからも，WPPSI-III の PSI は ASD の困難が反映されやすいことが示唆される。

また，ADHD の不注意症状を表す ADHD-IA と，注意集中も測定するとされる WMI との間に相関関係はみられなかった。しかし，ADHD リスク群では WMI が他の指標得点よりも有意に低下していることからも，直線的関係ではないが，ADHD 特性が WMI の得点に影響を及ぼしていることがわかる。

PSI は「単純な視覚情報を素早く正確に読み込み，順に処理する能力」を測定するが，それ以外にも「視覚的短期記憶」「注意」「視覚−運動の協応」を，WMI に関しては「聴覚的ワーキングメモリー」に加え，「注意集中」「実行機能」も測定するとされる（Wechsler・日本版 WISC-IV 刊行委員会，2014）。さらに本研究で示されたように PSI に関しては ASD の「切りかえ」困難も影響する可能性がある。このように PSI 及び WMI には多くの解釈候補があると考えられるが，その中のどれを採択するかは，検査者の臨床判断に委ねられている（Wechsler・日本版 WISC-IV 刊行委員会，2014）。PSI と ASD 特性，WMI と ADHD 特性との関連が見いだせたということは，これら指標得点と発達障害評価尺度をバッテリーさせたときに，これらのアセスメント結果に関する解釈を双方向で裏付けたり，補いあったりできることを意味する。例えば，PSI の低さが視覚的情報処理の速度の遅さによるものなのか，ASD 特有の切りかえ困難によるものなのかは，日常生活上の困難に関する保護者評定尺度の結果を参照することで，より生態学的に妥当な解釈が導き出せる。低い WMI の解釈の際にも，メ

モリースパンの問題なのか，注意集中の困難が反映していたのか，ADHD-RS の情報もあれば，推定も可能である。本研究結果は，就学前幼児の発達障害の困難を見立てる際の包括的アセスメントの結果の解釈にひとつの資料を提供するものである。

Ⅳ　まとめと今後の課題

　ウェクスラー検査でのアセスメントにおいて，FSIQ や指標得点，下位検査評価点といった測定値は，その数値のみでは子どもの能力や困難を解釈することはできず，検査中の行動反応や日常生活での困難の実態，その子どもの生育歴など多面的，包括的に子どもの状況を捉え，それらの情報の裏付けをとることが重要視される（Wechsler・日本版 WISC-IV 刊行委員会，2014；Lichtenberger, Mather, & Kaufman, 2004）。本研究では WPPSI-III ではとらえきれないワーキングメモリー課題と保護者報告の発達障害特性に関する尺度をバッテリーさせ，包括的に子どもの認知特性や行動特性の把握を試みた。ADHD リスク群ではワーキングメモリー下位検査をバッテリーさせることでその特徴を描き出すことができ，また，WPPSI-III においても処理速度と ASD 特性が関連することを明らかにした。WPPSI-III にワーキングメモリー検査と発達障害の困難に関する保護者評定をバッテリーさせることの臨床的有用性を示すものである。

　しかし ASD 及び ADHD に関する WPPSI-III プロフィールは，先行研究と類似する結果が得られたが，各群 10 ～ 20 名と小規模であった。また，ASD 診断には生育歴の聞き取りや幼児期ピークの評定も欠かせないが，PARS は短縮版現在評定を用いていた。さらに ADHD 判断に関しても複数場面での評定が必須となるが，保護者評定のみに頼らざるを得なかった。群分けやサンプル数に限界があったことは否めない。今後，サンプル数を増やすだけでなく，発達障害の困難について縦断的に調査していくことや，発達障害診断に関するより精度の高いアセスメントを行うことなどが必要であろう。

　本調査データは就学前の 5 ～ 6 歳の子どもたちで，初めて相談機関をおとずれたケースであった。明らかな知的障害（全般的発達遅延）や低出生体重の子どもたちはより早期に医療機関や相談機関につながるため，本研究データにはほとんど含まれていない。また，明らかな不適切養育や愛着障害等のケースも含まれて

いない。しかし，研究協力者の中には，相談過程の中で，自身の養育上の問題や精神的問題を話すケースも少なからずおり，社会経済的背景や家庭養育上の背景が子どもの問題に関与していると推測されたケースも含まれていた。ただ，本調査内容では，環境要因による発達遅滞や不適応状況と，環境要因が関与しない元来の発達遅滞とを鑑別することはできず，それらを分けて検討することが困難であった。幼児期の発達相談は，神経発達障害の見立てだけではなく，子ども－養育者間の関係性・アタッチメントの背景，社会経済的背景なども焦点を当てることが重要であり（青木・松本，2017），これら群を分けて検討することや発達相談に来談する多様な子どもたちを対象にすることが今後の課題となった。

▶文献

青木　豊・松本英夫（2017）．乳幼児精神保健の基礎と実践　岩崎学術出版社

Bartoi, M.G., Issner, J.B., Hetterscheidt, L., January, A.M., Kuentzel, J.G., & Barnett, D. (2015). Attention problems and stability of WISC-IV scores among clinically referred children. *Applied Psychology: Child*, 4, 133-140. DOI: 10.1080/21622965.2013.811075

Cerrillo-Urbina, A.J., García-Hermoso, A., Martínez-Vizcaíno, V., Pardo-Guijarro, M.J., Hermosa, A.R., & Sánchez-López, M.（2018). Prevalence of probable attention-deficit/hyperactivity disorder symptoms：Result from a Spanish sample of children. *BMC Pediatrics*, 18, 111.

DuPaul, G.J., Power, T.J., Anastopoulos, A.D., & Reid, R. (1998). *ADHD rating scale-IV: Checklists, norms, and clinical interpretation*. New York：The Guilford Press. （市川宏伸・田中康雄（監修），坂本　律（訳）(2008)．診断・対応のための ADHD 評価スケール　ADHD-RS【DSM 準拠】―チェックリスト，標準値とその臨床的解釈―　明石書店）

Flanagan, D.P., & Kaufman, A.S. (2009). *Essentials of WISC-IV Assessment*. New Jersey：Wiley. （上野一彦（監訳）(2014)．エッセンシャルズ　WISC-IV による心理アセスメント　日本文化科学社）

Freitag, C.M. (2015). Early signs and early intervention. In M. Leboyer, & P. Chaste（Eds）, *Autism spectrum disorders: Phenotype, mechanism, and treatments*. London：Karger, pp.135-150.

藤田和弘・青山真二・熊谷恵子（1998）．長所活用型指導で子どもが変わる　―認知処理様式を生かす国語・算数・作業学習の指導法略―　図書文化社

発達障害支援のための評価研究会（2013）．PARS-TR PARS テキスト改訂版　スペクトラム出版社

Hedvall, Å., Fernell, E., Holm, A., Johnels, J., Gillberg, C., & Billstedt, E. (2013). Autism, processing speed, and adaptive functioning in preschool children. *The Scientific World Journal*, **2013**, No.158263.

Jaščenoka, J., Korsch, F., Petermann, F., & Petermann, U. (2015). Cognitive profiles of preschool children with developmental coordination disorders and ADHD. *Practice of Child Psychology and Child Psychiatry*, **64**, 117-134.

Lichtenberger, E.O., Mather, N., & Kaufman, N.L. (2004). *Essentials of assessment report writing*. New Jersey : John Wiley & Sons, Inc.
（上野一彦・染木史緒（訳）（2013）．エッセンシャルズ 心理アセスメントレポートの書き方　日本文化科学社）

Mayes, S.D., & Calhoun, S.L. (2006). WISC-IV and WISC-III profiles in children with ADHD. *Journal of Attention Disorders*, **9**, 486.

Mundy, P., Sigman, M., Ungerer, J., & Sherman, T. (1987). Nonverbal communication and play correlates of language development in autistic children. *Journal of Autism and Developmental Disorders*, **17**, 349-364.

室橋春光（2009）．読みとワーキングメモリー　─「学習障害」研究と認知科学─　LD 研究, **18**, 251-260.

岡田　智・桂野文良・山下公司（2019）．日本版 WPPSI-III と検査行動アセスメントが就学に向けての相談支援に有効であった事例　子ども発達臨床研究, **13**, 69-80.

Oliveras-Rentas, R.E., Kenworthy, L., Roberson, R.B., Martin, A., & Wallace, G.L. (2012). WISC-IV profile in high-functioning autism spectrum disorders. *Journal of Autism and Developmental Disorders*, **425**, 655-664.

Toth, K.E., Munson, J., Meltzoff, A.N., & Dawson, G. (2006). Early predictors of communication development in young children with autism spectrum disorder: Joint attention, imitation, and toy play. *Journal of Autism and Developmental Disorders*, **36**, 993-1005.

上野一彦・海津亜希子・服部美佳子（2005）．軽度発達障害の心理アセスメント　─WISC-III の上手な利用と事例─　日本文化科学社

Wechsler, D. (2002). *Wechsler preschool and primary scale of intelligence-third edition : Technical and interpretive Manual*. San Antonio : Psychological Corporation.
（日本版 WPPSI-III 刊行委員会（訳編）（2017）．日本版 WPPSI-III 理論・解釈マニュアル　日本文化科学社）

Wechsler, D.・日本版 WISC-IV 刊行委員会（2014）．日本版 WISC-IV 知能検査補助マニュアル　日本文化科学社

WPPSI-III Profiles of 57 Preschool Children Who Took Developmental Consultation for the First Time : Application of Assessment Battery of Developmental Disability Scales and Working Memory Tests

Satoshi Okada[1], Fumiyoshi Katsurano[2], Hiroko Okada[3], Kosuke Ishizaki[4], Yui Emoto[5], Makiko Tabata[6]

1) Hokkaido University, Faculty of Education
2) Inaho Primary School
3) Toyohira Health Care Center
4) Hokkaido University, Graduate School of Education
5) Sapporo Intellectual Disability Rehabilitation Counseling Center
6) Asari Primary School

The cognitive profiles of the Japanese version of Wechsler Primary and Preschool Scale of Intelligence-Third edition (WPPSI-III) in clinical samples has not been reported; furthermore, profiles of working memory assessed through Wechsler Intelligence Scale for Children- Fourth edition (WISC-IV) is also needed for its clinical application. In this study, we administrated the WPPSI-III's 8 primary index subtests, the WISC-IV's 2 working memory subtests, and parent-rating tests for autism spectrum disorder (ASD) and attention-deficit hyperactivity disorder (ADHD) on 57 preschool children who visited clinical institutions for the first time. Four clinical groups were grouped according to the parent-rating test : ASD risk (*N* = 16), ADHD risk (*N* = 11), the comorbidity of ASD risk and ADHD risk (*N* = 10), and the other conditions group (*N* = 20). As a result, the full-scale IQ scores of the comorbid group and the other conditions group were lower than that of the ASD group and the ADHD group. In ASD risk group, scores of verbal comprehension index and processing speed index were lower than the score of perceptual reasoning index. Moreover, in ADHD risk group, there were no differences between index scores, but working memory subtests had a lower score. Cognitive profiles of these clinical groups replicated previous research. Additionally, it revealed that the processing speed score is related to ASD rating scale score. Following these results, the implications for practice and the clinical utility of WPPSI-III were discussed.

Keywords : WPPSI-III, cognitive profile, autism spectrum disorder, ADHD, preschool children

原著論文

発達障害者の「障害」観の変容プロセスについて
生きづらさを抱く人に必要な「場」について考える

千賀則史 [1]・本多祐子 [2]

1）同朋大学社会福祉学部
2）名城大学障がい学生支援センター

　本研究では，インタビュー調査を通して，発達障害者の「障害」観の変容プロセスを明らかにし，生きづらさを抱く人に必要な「場」を検討することを目的とした。生きづらさを「発達障害」に帰責せずに，自他・社会に向き合う活動をしている発達障害者に3回のインタビュー調査を実施した。人間をオープンシステムとして捉え，時間の流れを重視する質的研究法の複線径路等至性アプローチ（TEA）によってモデルを構築した。また，価値変容点（VTM）に至る発達障害当事者グループでの「障害」観の変容プロセスを理解するために，発生の三層構造モデル（TLMG）を用いた。本研究より，「被支援者−支援者」関係を超えて，相互支援的包摂関係を構築する「新たな社会的絆の創成」が重要であることが示唆された。そのためには，苦悩を共有し，お互いを認め合い，支え合うことで，よりよき新たな人生の創造・発見に向けて試行錯誤できる「場」が必要であると結論づけた。

キーワード：発達障害，「障害」観，場づくり，「被支援者−支援者」関係，複線径路等至性アプローチ（TEA）

臨床へのポイント ・・

- 「共生社会の実現」には，障害者と非障害者のいずれかに合わせるのではなく，人と人が新しい社会を共に創る視点への転換が求められる。

- 発達障害者の生きづらさや「障害」観の変容促進には，「被支援者−支援者」関係を超えた相互支援的包摂関係を構築することが大切である。

- 苦悩を共有し，お互いを認め合い，支え合うことで，よりよき新たな人生の創造・発見に向けて試行錯誤する「場」が必要である。

・・・

Japanese Journal of Clinical Psychology, 2021, Vol.21 No.6 ; 731-740
受理日──2021 年 9 月 5 日

Ⅰ　問題と目的

1　生きづらさを「発達障害」に帰責することの弊害

　発達障害者支援法施行後の特別支援教育の充実，障害者権利条約の批准，障害者差別解消法施行等に伴い，日本では発達障害者支援の充実が図られてきた。発達障害者への支援では，早期発見と切れ間のない支援が重視され，実践や研究が蓄積されてきた。一方で，現行の支援等の状況が共生社会の実現を阻む可能性を問う声も散見される。特別支援教育が共生を図るインクルーシブ教育を理念としていたにもかかわらず，発達障害への注目が，子どもの階層化や分断，通常の教育からの排除といった逆潮流を来したことが課題視されている（石川・高岡，2012；鈴木，2015）。

　生地（2005）は，以前より発達障害概念の拡大に伴う危険性について，①安易な発達障害の診断が一人歩きし，適切な支援が得られないこと，②学校現場の混乱，③情緒や愛着，対人関係等の発達の問題への理解の形骸化等を指摘している。田中（2009）も，「専門的な支援」の必要性の低い「発達障害児」が安易につくり出される可能性や，診断名ができない面を引き受け，自分を「生き難い存在」と誤解してしまう可能性を述べている。発達障害者支援法の目的は，尊厳が保たれた生活および自立・参加への支援を通した共生社

会の実現にあるが，診断名が「生き難い存在」として
の自他理解や潜在能力の封印に繋がるならば，法の目
的に逆行すると言わざるを得ない。これらの課題は，
逸脱・不適応等の医療化（木村，2015），支援する側
の論理で個が問題視される障害支援の専門性や教育
の本質の問い直し（池田，2021；村田，2018；津田，
2012）などの観点から検討が図られてきたが，臨床心
理学の立場からのこうした研究は十分とは言えない。

　田中（2007；2011）は，生きづらさを考察する上
で国際生活機能分類（International Classification of
Functioning, Disability and Health：ICF）を重視する
意義に触れ，発達障害を「生活障害」という視点から
捉えているが，本稿における"生きづらさ"も，主客
未分のその人の生活機能（心身機能・活動・参加状態
の包括）の否定的側面を想定している。なお，ICFは，
障害という現象を，病気・外傷などから直接的に生じ
る個人の問題と捉え，個人のよりよい適応と行動変容
を目標に対処が図られる「医学モデル」と，障害は個
人に帰属するものではなく，その多くが社会によって
作られた諸状態の集合体であり，障害のある人の社会
への完全な統合の問題と捉える「社会モデル」の統合
に基づかれている（障害者福祉研究会，2002）。また，
障害者権利条約は，障害者を治療や保護の「客体」で
はなく人権の「主体」と捉える「社会モデル」の障害
者観に立脚されている（川島・東，2008）。障害は，
個人に帰属するのではなく社会との統合の問題で，多
数派を基準に成立する社会での不利益を解消すべき社
会正義が認識される。

　本多・千賀（2020）は，多層多次元な視座から「障
害」概念を捉え直し，障害モデルおよび実存の次元か
ら，その概念の多様性を示している。日本では，2011
年の障害者基本法の改正において，ICFや障害者権利
条約の考え方が考慮された障害者の定義に改訂され
た。しかし，諸制度活用の根拠の多くに医師による診
断書が活用され，個別ニーズよりも疾患や機能障害の
種類や程度でサービスの利用資格が決められる傾向に
あり，筆者らが被支援者や支援者と関わる中でも認知
機能評価が重視される現状からも「医学モデル」に基
づく「障害」観が依然として支配的であると言わざる
を得ない。

　ICFは機能障害の帰結としない「障害」観，障害者
権利条約は権利主体の平等と参加保障に向けた「障
害」観であるが，従来の枠組みの中では，「障害」が

機能障害ゆえの保護の客体として把握されがちである
ことの影響を受けて，「障害者」を同定し必要な配慮
が決定される組織的取り組みが，障害問題を再び機能
障害へシフトさせる逆機能も課題視されている（星加，
2018）。障害者権利条約には「障害」の定義はないが，
前文に「障害が発展する概念であることを認め」とあ
る。また，ICFで捉えても要素間の相互作用で変化す
ると言える。特定の人たちが生きづらさを抱き続ける
ことのない共生社会に向けて，「医学モデル」に基づ
く固定的な「障害」観からの脱構築が求められる。

2　「被支援者－支援者」関係の問い直し

　臨床心理学の領域においては，医療化と専門化があ
る種の病気や問題を固定化する要因となっているとの
認識から出発したナラティヴ・アプローチ（McNamee,
& Geagen, 1992）の台頭により，「被支援者－支援者」
関係の捉え直しが図られてきた。近年，新たな関係
性のあり方としては，オープンダイアローグ（Olson,
Seikkula, & Ziedonis, 2014；Seikkula, 2002）が国際的
な注目を集めている。これは，精神病の発症初期に，
本人や家族，友人らと連日，「開かれた対話」を行う
ことで危機的状況の解消を図るアプローチである。最
も大切な原則のひとつは，「本人なしでは何も決めな
い」（斎藤，2015）であり，参加者一人一人が対等に
扱われ，開かれた対話を通して多様な観点や声の創造
的な交換が目指される。こうした相互性が保たれた対
話のプロセスで，複数の主体の複数の声がポリフォ
ニーを形成し，新たな意味を生み出すことが治療の
資源となる（Seikkula, & Arnkil, 2006）。専門家には，
専門家と被支援者の間に生じる「権力性」に敏感にな
り，知識や技術ではなく「対等な関係性」で被支援者
と関係のある一参加者として対話に参加することが問
われており，そうした姿勢によってポジティブな感情
を共有することが可能となる（野口，2018）。

　日本における「被支援者－支援者」関係を問い直す
一例に当事者研究が挙げられる。当事者研究では，当
事者自身が困難の意味や対処法を探求し続ける責任を
引き受け，当事者も非当事者も，無知の知の自覚に切
り拓かれる研究的な態度から共同が可能になると考え
られている（熊谷，2018）。

　これらに共通するのは，意図せずとも専門性の権威
に沿うよう他者を導くのではなく，無知の姿勢で曖昧
な状況や対話に臨む実践から，問題の解消や新たな意

味の発見を図る「場」の重視である。場とは,「生と死,生成と消滅,意識と対象,主観と客観,物と物,自己と他者,自己と世界などが,観察主体と観察対象という関係となって,あらゆるものが交錯し関係しながら現出するところ」(定森,2015)とされる。この考え方に従えば,自己とは,生物・神経学的な特性,自然,風土,社会,文化,歴史などと相互影響・相互限定し合う場所的な存在であると言える。筆者らは,さまざまな現場で発達障害者支援に携わる中で,「発達障害」とカテゴライズされた人が「場」によって全く異なる顔を見せることに直面し,自己と他者は「場」を共有している限り,お互いが全く独立自存していることはなく,必ず「場」において,自己と他者が相互に影響し合いながら,新たな「場」を創り合っていることを痛感した。「障害」を個人病理や社会環境の問題だけに帰責するのではなく,「被支援者-支援者」という関係を超えて,誰にとっても生きやすい「場」を共に創るという観点こそが何よりも重要だと思われる。「場所的自己」(定森,2020)とも言える人間の本質は,抑うつ/躁,適切な思考/不適切な思考,行動の正常/異常,適応/逸脱,定型/非定型などを一定の尺度や基準で客観的に評価するのみでは探求し得ない。こうした実感・自覚から人を対象化し操作可能性を前提とする近代諸科学に限界を感じた筆者らは,「専門家の知」の権力性を排し「臨床の知」の追求を図る,多層多次元の人間存在に臨む統合的な臨床観に依拠するに至った。そして,「場づくり」の追求こそが,今後の対人援助のあり方の鍵となる重要な研究テーマになると考えるようになった。

なお,本稿において,発達障害の診断を受けた人を「当事者」,専門家・支援職者等を「支援者」とし,支援者の支援を受ける人を「被支援者」,支援者に限らず「当事者」ではない人を「非当事者」と表記した。

3 本研究の目的

以上を踏まえて,本研究では,専門家に生きづらさの意味を問う機会や主体性を奪われがちな発達障害者の支援のあり方を再考するため,生きづらさを「発達障害」の帰結とせず,自他・社会に向き合う活動をしている発達障害者にインタビュー調査を行った。研究協力者がさまざまな人との関係性の中で,「障害」観が,「支援される人」としてのものから,「新たな社会を共に創る主体」としての異なる性質のものへと変容して

いくプロセスを明らかにすることを目的とした。また,そのことを通して,生きづらさを抱く発達障害者がより生きやすくなるには,どのような「場」が必要になるのかを明らかにすることも同時に目的とした。

II 方法

1 研究法の選択

本研究では,非可逆的時間の流れの中で生きる人の行動や選択の径路の多様性と複線性を描く複線径路等至性アプローチ(Trajectory Equifinality Approach:TEA;サトウ,2015)を研究法として選択した。本研究は,「障害」観の変容プロセスについて,その時々の内的体験や「場」の影響に焦点を当てながら時間軸に沿って可視化することを通して,変容促進に必要な「場」のあり方を検討することを目的としている。そのため,人間をオープンシステムとして捉え,個人が経験する時間の流れを重視するシステム論に依拠する質的研究法のTEAを研究法として選択することが適切であると考えた。なお,TEAで使用される概念は表1の通りである。

2 歴史的構造化ご招待

TEAでは,研究協力者の選定について,「変数を理解しようとする研究とは異なり,質的研究においては,ストレートに自分が知りたい現象を経験した人から話を聞けば良い」との考え方から,ランダムサンプリングに代わって歴史的構造化ご招待(Historically Structured Inviting:HSI)という方法が提案されている。また,「1/4/9の法則」があり,研究協力者の人数は,深く掘り下げるなら1人,多様性を見るなら4±1人,径路の類型化を見るなら9±2人がよいとされる(サトウ,2015)。本研究では,発達障害者に必要な「場」に関心があり,当事者の「障害」観の詳細な変容プロセスを扱うことを目的としているため,大人になってから発達障害に関連する診断を受けたものの,生きづらさを「発達障害」に帰責しない方向での当事者活動に携わっているAさん1名をご招待した。筆者らは,以前からAさんと面識があったが,生きづらさを「発達障害」に帰責しないAさんの生き方に感銘を受け,そこから本研究の着想を得ていた。Aさんの人生径路を聴取し,Aさんの「障害」観の変遷や活動に至る経緯を明らかにすることで,必要な「場」のあり方を考察する示唆が得られると考えた。

表1　TEA の概念説明

TEA の概念（英語表記：略記）	意味	図
等至点 （Equifinality Point：EFP）	多様な経験の径路が一旦収束するポイント	▭
両極化した等至点 （Polarized EFP：P EFP）	等至点とは逆の現象	▭
必須通過点 （Obligatory Passage Point：OPP）	ある地点に移動するために必ず通るべきポイント	◇
分岐点 （Bifurca Point：BFP）	径路が発生・分岐するポイント	⬭
社会的方向づけ （Social Direction：SD）	等至点から遠ざける力：阻害，抑制的な要因， 阻害する環境要因や文化・社会的圧力	⬇
社会的助勢 （Social Guidance：SG）	等至点へと近づける力：援助的な力，人からの支えや 社会的な支援や制度，行動を後押しする認識や認知	⬆
セカンド等至点 （2nd EFP）	当事者にとって意味のある等至点	▭
セカンド等至点の両極化した等至点 （P 2nd EFP）	セカンド等至点とは逆の現象	▭

3　データ収集方法

　TEA では，「何人に調査するか，よりも，3回会うことが大事」であり，初回の聞き取り（Intra-View）の段階では，研究者の主観が強く出た聞き取りであったものが，2回目の聞き取り（Inter-View）で，初回の聞き取りをもとに研究協力者の主観を反映させる聞き取りになり，3回目の聞き取り（Trans-View）によって，相互の主観が融合した形の聞き取りになるとされる（サトウ，2015）。そのため，本研究においては，2019年12月，2020年2月，3月に計3回のインタビューを実施した。初回は半構造化面接で行い，質問内容は，①生きづらさを感じ，発達障害の診断を受けるまでの経緯を教えてください，②診断を受けてから現在の活動に至る経緯を詳しく教えてください，③「障害」の捉え方の変化や活動の変化を教えてください，④何が現在の「障害」の捉え方への変容の助けになりましたか，逆に，何が阻害要因でしたか，等であった。面接では，Aさんの人生を時系列で聴取するとともに，社会的促進要因および阻害要因等を明らかにすることを意図とした。インタビュー内容については，Aさんの了解を得たうえでICレコーダーにより録音した。

4　分析手続き

　面接後には，録音データをテキスト化した逐語録を参考にAさんが語ったエピソードを時系列に並べ，暫定版のモデル図を作成した。また，2回目以降の面接では，筆者らが作成したモデル図とストーリーラインを見せながら，分岐点や必須通過点，そこに影響を与えている社会的方向づけと社会的助勢を特定するための議論を重ねた。3回目の面接で，Aさんがセカンド等至点を定めた際に，Aさんと筆者ら双方が納得するモデル図ができたと感じられたため，インタビュー調査を終えた。

5　倫理的な配慮

　調査前にAさんに，①研究趣旨，②研究への参加の自発性や任意性の保証，③研究協力中断の保証，④匿名性の確保，⑤データの管理方法等について，文書と口頭にて説明し，文書にて合意を得た。また，論文投稿するにあたって微修正した最終的なモデル図とストーリーラインを提示し，公表について許可を得る等の倫理的な配慮を行った。

III　結果と考察

1　モデルの作成

　TEA による分析の結果，【発達障害に帰責せずに自他と向き合う活動】を等至点（EFP）とするモデルが得られた（図1）。さらには価値変容点（Value Transformation Moment：VTM）に至る発達障害当事者活動での「障害」観の変容プロセスについて，個人内の心的メカニズムを捉えるために，発生の三層構造モデル（Three Layers Model of Genesis：TLMG）により，「個人活動レベル」「記号レベル」「信念・価

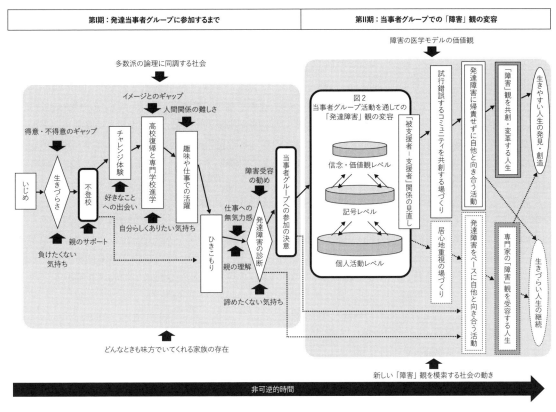

図1　Aさんの「障害」観の変容プロセス

値観レベル」の三層に分けて結果を示し，モデル化した（図2）。また，Aさんによって語られた径路は実線で，理論的に仮定される径路は点線で表した。以下，ストーリーラインの説明により，モデルを説明する。なお，モデル図で使用されているエピソードは【　】で，TEAの概念の略称を（　）で示す。

2　ストーリーライン

1．第Ⅰ期：発達障害当事者グループに参加するまで

Aさんによると，小学1年生の頃から【いじめ】があった。卓球は得意だが，勉強や対人関係は苦手との【得意・不得意のギャップ】（SD）と【負けたくない気持ち】（SG）のせめぎ合いがあり，「当時は勝つことでしか自分の存在意義を見出せなかった」と語られた。こうした構造は，Aさんにとっては必然的なものと考えられたので，【生きづらさ】を必須通過点（OPP）とした。

高校進学後に不登校になった。環境は悪くなかったが，遠方で登校が大変なのと卓球部がなかったことで，

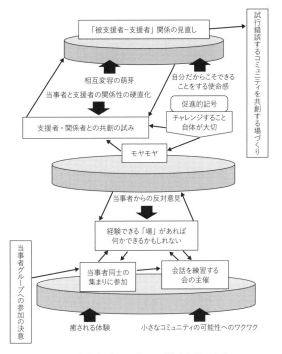

図2　当事者グループでの「障害」観の変容

気が緩んだのかもしれないとのことだった。この【不登校】が分岐点（BFP）だったが，【親のサポート】(SG)もあり，家族で合宿形式の企画に参加するなどの【チャレンジ体験】があったと語られた。ここでの【好きなことへの出会い】(SG)によって，勝つことでしか自分の存在意義を見出せなかったことから，自分自身が好きなことや関心があることにチャレンジすることで存在意義を見出す価値観に変化したことが語られた。その後，【高校復帰と専門学校進学】をするが，ここでがんばれば自分が成長できるとか，自分自身の面白さが発揮できるとか，仕事につきたいという思いにつながらなかった。【自分らしくありたい気持ち】(SG)を持つ中で，【イメージとのギャップ】(SD)に悩まされ，学校に行かなくなった。ゲームやプロレスなど自分の関心や得意なことを活かした【趣味や仕事での活躍】もあったが，仲間に貢献しても，ある程度深まれば，その後続かない関係性に「裏切られた感」「相手が悪い」と【人間関係の難しさ】(SD)を抱くことを繰り返し，人間不信から【ひきこもり】になったと語られた。

【仕事への無気力感】(SD)があり，行き詰まっているところ「発達障害」を知り，受診することにした。家族の反対で受診まで時間を要する人がいると聞くが，Aさんの場合は，【親の理解】(SG)もあり，Aさんの希望を尊重してくれ，成育歴の聴取などにも協力的であったことから【発達障害の診断】(OPP)はすぐについたとのことである。医師からは，「これは受け入れるしかありません，少しずつ慣れていきましょう」と【障害受容の勧め】(SD)があったが，Aさんには，医師の言う通りだと思う反面，それだけで何とかなる気がせず，【諦めたくない気持ち】(SG)があった。発達障害という診断がおりたとき，Aさんは「自分の責任だけじゃなかったんだ」と安心した気持ちと，「自分は努力しても所詮障害者。がんばっても届かない透明な天井があるじゃないか」という気持ちを同時に抱いたことが語られた。医師に勧められたプログラムの場では，「専門家には手札がない」とされているように感じ，「障害」を受容することは支援者が楽になるためであるかのように感じた。できない自分を受け入れるか葛藤する中で，「できることをやれるだけやってみよう」と自分なりの答えを出した。「発達障害」という言葉は，「自分の中で何となくで済ませていたというか，済ませざるを得なかったものを

解消していく目標へのヒント」となり，「いろいろ調べたり，同じ立場の当事者がどういう突破口を見出しているのか話を聞きたいと思ったりする契機」となり，【当事者グループへの参加の決意】(BFP)をしたと語られた。こうした第Ⅰ期での一連のプロセスにおいて，学校や職場，趣味の仲間などいずれの場においても，自分を出すことで続かない関係性の積み重ねから，【多数派の論理に同調する社会】というマクロレベルの強力な社会的方向づけ（SD）の影響を常に受けているように感じられた。そうした状況の中でも【自分らしくありたい気持ち】や【諦めたくない気持ち】を持ち続けることができたのは，親子関係が良好であり，適切な保護的存在が内在化されていたことが大きかったと考えられたため，【どんなときも味方でいてくれる家族の存在】をAさんの内的心理状態を下支えする社会的助勢（SG）とした。

2．第Ⅱ期：当事者グループでの「障害」観の変容

まず「個人活動レベル」として，【当事者同士の集まりに参加】したことが語られた。そこでは【癒される体験】があったとのことで社会的助勢（SG）とした。【小さなコミュニティの可能性へのワクワク】(SG)もあり，自ら【会話を練習する会の主催】をしたとのことだった。こうした経験から【経験できる「場」があれば何かできるかもしれない】という考えが生まれたが，「いいとは思うけど，私は参加しません」と【当事者からの反対意見】(SD)もあり「自分でやるしかない」と思ったとのことであった。

「発達障害はコミュニケーションの障害と言われるが，そうではなくチャレンジし難い障害」「私もコミュニケーション障害と思っていたが違う。私，変われるじゃん」「自分が成長している姿があれば活動はついてくる」と思うようになったと語られた。Aさんは，コミュニケーションが苦手でも試行錯誤している人と，「支援が必要な人」として支援者側の枠に入って「生きづらさ」を正当化している人たちの違いがあることに気づいた。また，常識に適応することが求められる社会であるが，適応は迎合，あるいは妥協であり，常識に当てはまらない人をそぎ落とす社会の現状では，社会のしわ寄せを受ける人たちがずっといる状態になること，社会も根本課題を覆い隠したまま棲み分けをしており，生きづらさは拡大再生産されていくことへの危機感を抱くようになっていったと語られた。ここでは，

「記号レベル」で【モヤモヤ】が立ち現れ，【チャレンジすること自体が大切】という考え方が促進的記号となった。そして，Aさんの活動がメディアにとり上げられたり，専門家との対談や支援者への講演依頼を受けたりするようになった。当事者として非当事者に，Aさん自身が捉えた双方の実態や向き合うべき課題を伝える立場になり，全国でのさまざまな連携ができていく循環が生まれ，当事者グループ内の活動に留まらない【支援者・関係者との共創の試み】という新たな展開が生まれた。一方で，支援機関等にAさんの活動との協働を提案してもことごとく断られる体験もし，Aさんは，当事者間のコミュニケーション不全のみではなく，【当事者と支援者の関係性の硬直化】(SD)にも気づき，「発達障害者」と「支援者」という関係性そのものに疑問を持つようになったと語られた。しかし，活動の積み重ねを通して徐々に当事者でない世界で認められる機会が増し，行政や支援機関との協働での場づくり等の活動へと繋がり，世界が広がったと語られた。Aさんは「当事者以外の人に受け入れられ，支援者等と建前ではない本音の対話ができたことが大きかった」と語っていたが，支援者等も，【当事者と支援者の関係性の硬直化】からの変容の契機を体験したものと推察される。

こうしたさまざまな経験から，「発達障害者として」ではなく「Aさんとして」の使命感が語られたので，【自分だからこそできることをする使命感】を社会的助勢(SG)とした。さらには文化・社会的要因として，当事者ではない人たちとの異文化交流により，「気づく」「気づかされる」という双方向の体験から生まれる【相互変容の萌芽】を感じたことが促進要因(SG)となって【「被支援者－支援者」関係の見直し】という「信念・価値観レベル」での変容が生じたことが明らかになった。すなわち，生きづらさを，専門家から与えられた「発達障害」に帰責するのではなく，自分の意思でコミュニケーションを試す「場」の必要性に気づくことができたと語られた。これらの取り組みによる発達障害者の可能性の開拓と世間の「障害」観の変革を図るべく【試行錯誤するコミュニティを共創する場づくり】へとシフトしていった。その結果，【発達障害に帰責せずに自他と向き合う活動】という等至点(EFP)に到達したことがわかった。この価値変容点(VTM)でのプロセスそのものが大きな分岐点であり，当事者グループでのモヤモヤから【居心地重視の場づくり】に

流れた場合には，専門家や世間の「障害」観を受容して【発達障害をベースに自他と向き合う活動】という両極化した等至点(P-EFP)に至っていただろうと語られた。第Ⅱ期では，発達障害の診断がついたことで，一時的には免責された気持ちを抱き，医師の勧めるプログラムへの参加を試みることで，「支援が必要な人」として支援者側の枠に入るなど，【障害の医学モデルの価値観】というマクロレベルの社会的影響をさらに受けるようになったと考えられる。しかし，そうした中で，障害者権利条約の批准や，障害者基本法の改正，当事者研究への着目や障害学の発展など，【新しい「障害」観を模索する社会の動き】があったからこそ，Aさんの活動に広がりが生まれたと考えられるため，それぞれを社会的方向づけ(SD)と社会的助勢(SG)とした。

また，今回の調査を通して，Aさんが今後目指すところを質問したところ，【「障害」観を共創・変革する人生】と語られたため，これをセカンド等至点(2nd EFP)とし，反対の【専門家の「障害」観を受容する人生】をセカンド等至点の両極化した等至点(2nd P-EFP)とした。Aさんからは，「試す」人生を歩んでいなければ，居心地重視のコミュニティに留まり，生きづらさを抱えながら，社会に一方的な変化を望むような人になっていただろうと語られた。また，Aさんの人生にとって必要だったのは，当事者も支援者も目指しがちな，リスクを伴わない「安定」を図る支援ではなく，当事者と非当事者の対話によって化学変化が生じる「場」であったことなどが語られた。

インタビュー後に改めてTEM図を俯瞰してみると，「障害」観の変容という意味では，大切なのは生きづらさを抱える人が新しい生き方を見つけることだと考えられた。そのため，セカンド等至点の先に【生きやすい人生の発見・創造】を，反対に，セカンド等至点の両極化した等至点の先に【生きづらい人生の継続】を想定した。ただし，Aさんのような生き方が唯一の正解かと言えば，必ずしもそうではないだろう。専門家が与える変化し難い発達障害像を受容することで幸せな人生を見つけることができた人も少なからずいると考えられる。そのため，【発達障害に帰責せずに自他と向き合う活動】から【生きづらい人生の継続】に向かう径路と【専門家の「障害」観を受容する人生】から【生きやすい人生の発見・創造】への径路を，それぞれ点線で描いた。このように考えると，従来の「障

害」観を受け入れることで生きやすくなる人もいるが，多様な個性を認め合う共生社会を目指していくには，「対話」や「共創」がキーワードになることが示唆された。こうして完成したモデルについて，Ａさんと研究者の双方が納得することができたため，モデルを完成したものとみなした。

IV　総合考察

1　Ａさんの「障害」観の変容プロセス

　生きづらさを抱えるＡさんが大人になってから発達障害の診断を受けたとき，自分の苦手なことの原因を「発達障害」に帰責することで「自分の責任だけじゃなかったんだ」と安心した気持ちになったとのことであった。この時点では「支援される人」としての固定的な「障害」観であったが，一方でＡさんには諦めたくない気持ちがあり，「発達障害」という言葉がこれまで先送りにしてきた課題をわかりやすくする記号として機能し，新たな突破口を求めて，当事者グループへの参加を決意したことが語られた。改めてＡさんの人生径路を振り返ると，発達障害の診断を受ける前の第Ｉ期での【多数派の論理に同調する社会】という社会的方向づけ（SD）についても，障害の医学モデルを象徴していると思われる。医学モデルでは，統計上人数の多い「正常」の基準からの逸脱を「障害」とし，不便さ・差別の理由は個の心身の障害の帰結として，多数派への適応支援が図られる。インタビューを通してＡさんが，適応は迎合，あるいは妥協で，常識に当てはまらない人をそぎ落とし常識への適応を求める社会を課題視していたこと自体が，医学モデル支配の現状を反映していると捉えることもできる。

　そうした中で，Ａさんが当事者グループで体験した【「被支援者－支援者」関係の見直し】が最大の分岐点（BFP）であり，発生の三層構造モデル（TLMG）の価値変容点（VTM）であったと言える。インタビューを繰り返す中で，【「障害」観を共創・変革する人生】というセカンド等至点が明確になったが，「共創・変革」というキーワードにはＡさんの「障害」観の本質が集約されていると思われる。すなわち，Ａさんは生きづらさの原因を個人の問題に帰責する「医学モデル」の影響を無自覚に受けており，専門家や他の発達障害者に解決を求める「障害」観をもともと持っていた。しかし，さまざまな社会的な影響を受けることで，当事者と非当事者が共に新しい社会を創ることを

目指す「社会モデル」に近い「共創」をテーマとした「障害」観へと変容していったと考えられる。発達障害者支援法の目的において，共生社会の実現は重要なテーマであるが，Ａさんの語りから，「共生」とは，障害者が非障害者中心の社会に妥協しながら適応するのでも，その逆でもなく，人と人が試行錯誤で共に創り続けるという価値の創造であるとの示唆が得られた。津田（2012）は，「発達障がい者」と社会とが葛藤を繰り返しながら相互変容し，個人が社会の中で意味づけられていく，人間と文化の相互作用での関係の物語としての発達への視座を述べている。こうした視点は，これからの発達障害者への支援のあり方を考える上で有用と思われる。

2　発達障害者に必要な「場」とは

　Ａさんは，専門家に言われるがままではない，あるがままの体験を大切に試行錯誤する人生を歩んでいると捉えられる。各分岐点（BFP）では，社会的助勢（SG）と社会的方向づけ（SD）が包摂された体験の積み重ねから，新たな展開へ至っているが，Ａさんはどのような「場」を体験したと言えるのだろうか。

　斎藤・與那覇（2020）は，生きづらさを抱く中で「自分探し」の答えとして発達障害を「アイデンティティ化」することへの懸念を述べ，オープンダイアローグの刺激で主体性が賦活されていった例を挙げている。Ａさんの，当事者間と支援者・関係者との「モヤモヤ」が，診断名を「アイデンティティ化」しない「障害」観と「Ａさんだからできることをする使命感」を喚起し等至点（EFP）に至らせたと思われる。「発達障害者」「被支援者」「支援者」いずれにもなりきらないＡさんが試行錯誤する「場」が，Ａさんを変容させ続けており，このことは支援者等になりきらない「障害」観の必要性をも示唆している。

　村田（2018）は，当事者研究者の「試行錯誤が支援される空間」の論考を引き，不確実性の高い環境で専門家自身も葛藤しつつ「動と静」「消滅と生成」等の往還運動が停滞しないよう後押しするような，「支援－被支援」の固定関係を乗り越えながら共に育つ，緩やかな秩序のある場，試行錯誤や失敗が許容され問題が共有され，葛藤は新しいものを生む可能性として承認されるような場の設営と維持こそが専門家の役割としている。また，堀（2011）は，日本臨床心理学会の学会改革運動の歴史的展開を追い，自らの専門性の抑

圧性の認識に基づく臨床心理業務の総点検がなされ，「共に悩み，共に考え合える」関係性を模索していたこと等を述べている。支援者等が，生きづらさを抱く「その人」と相互変容を図るには，「共生」への当事者性を自覚し，専門性の抑圧性を認識し，固定的な「障害」観からいかに柔軟でいられるかが問われるだろう。

「被支援者－支援者」関係は流動的なもので，歴史的・社会的文脈の中で変容する。例えば，支援者が障害者と関わる中で，人生において何が大切なのかと生きる意味に気づかされることは珍しくなく，障害者や家族の存在が，地域社会や人との絆を深めることもある。共に救われる現実に出会うとき，共に苦悩や葛藤に向き合うことで支え合う関係に目覚める。定森・定森（2019）は，障害等の有無を超えて，適切な社会的包摂能力を持った社会こそが，過剰な自立心や依存心を持つことなく，必要なときに助けを求められる自立した人を育むことができるとし，苦悩を共にし，問題解決を求めて相互支援的包摂関係を構築する「新たな社会的絆の創成」（共生的社会の共創）こそが大切としている。Aさんが感じ取った，支援者側の枠組みの中で被支援者を固定化する「障害」観では，このような共生社会の共創は図り得ないであろう。以上より，生きづらさを抱く発達障害者の変容促進には，「被支援者－支援者」というロールを超えて苦悩を共有し，お互いを認め合い，支え合うことで，よりよき新たな人生の創造・発見に向けて試行錯誤できる「場」の重要性が示唆された。

3　本研究の限界と今後の課題

本研究では，生きづらさを「発達障害」に帰責せず，自他・社会に向き合う活動をしているAさんにインタビュー調査を行い，「障害」観の変容プロセスと，発達障害者がより生きやすくなるためにどのような「場」が必要になるのかを明らかにすることを目的とした。本研究より，「新たな社会的絆の創成」を目指し共に試行錯誤できる「場」が必要であることがわかった。まさに本研究のプロセスそのものが当事者であるAさんと非当事者の筆者らによる共創であり，共生社会の実現に向けた支援等のあり方を考えるうえでも非常に意義があると思われる。

しかし，そもそもTEAは一般化を目指す研究方法ではなく，本研究においては，もともとAさんの生き方を肯定的に捉えている筆者らによる研究であると

いう点を考慮する必要がある。本モデルはあくまでAさん1名の人生の複線性を描いたものに過ぎず，Aさん以外の当事者に異なる立場の研究者が同様の研究を行えば，異なるモデルが得られると考えられる。実際に，Aさんのように新しい社会を共創していきたいと思うエネルギーのある人はむしろ稀であり，多くの人は異なる形で生きづらさとうまく付き合いながら生活していることが想定される。また，本研究は当事者のみに協力を得た調査であったが，本研究の文脈での「共創の場」追究のためには，「被支援者－支援者」のロールを超えた支援者にも調査をすることが必要だろう。そのため，今後は，異なる立場の研究者がさまざまな当事者と支援者の双方にインタビュー調査を行うことで，誰にとっても生きやすい社会を実現するための支援のあり方について明らかにしていくことが求められる。

▶文献

本多祐子・千賀則史（2020）.「障害」概念の多様性 ─多層多次元な視座から人間と「障害」を俯瞰する─　愛知学校教育相談事例研究会『教育臨床事例研究』，29, 44-54.

堀　智久（2011）. 専門性のもつ抑圧性の認識と臨床心理業務の総点検 ─日本臨床心理学会の1960/70─　障害学研究, 7, 249-274.

星加良司（2018）. 合理的配慮と医学モデルの影　障害学研究, 13, 125-138.

池田賢市（2021）. 学びの本質を解きほぐす　新泉社

石川憲彦・高岡　健（2012）. 発達障害という希望 ─診断名にとらわれない新しい生き方─　雲母書房

川島　聡・東　俊裕（2008）. 障害者の権利条約の成立　長瀬　修・東　俊裕・川島　聡（編）障害者の権利条約と日本 ─概要と展望─　生活書院, pp.13-36.

木村祐子（2015）. 発達障害支援の社会学 ─医療化と実践家の解釈─　東信堂

熊谷晋一郎（2018）.「知の共同創造と再配置」のための編集後記 ─「当事者共同研究」への応答─　臨床心理学増刊, 10, 154-164.

McNamee, S., & Geagen, K.J. (Eds.)(1992). *Therapy as social construction*. London : Sage.
（野口裕二・野村直樹（訳）(2014). ナラティヴ・セラピー ─社会構成主義の実践─　遠見書房）

村田観弥（2018）. 障害支援と関係の教育学 ─専門性の権力をめぐって─　生活書院

野口裕二（2018）. ナラティヴと共同性 ─自助グループ・当事者研究・オープンダイアローグ─　青土社

生地　新（2005）. 発達障害概念の拡大の危険性について

高岡　健・岡村達也（編）自閉症スペクトラム　―浅草事件の検証：自閉症と裁判―　批評社　pp.59-71.

Olson, M, Seikkula, J., & Ziedonis, D.（2014）. *The key elements of dialogic practice in open dialogue.* Worcester, MA : The University of Massachusetts Medical School.

定森恭司（2015）．ホロニカル・セラピー　―内的世界と外的世界を共に扱う統合的アプローチ―　遠見書房

定森恭司（2020）．「場所的自己」について　統合的アプローチ研究，1，6-23.

定森恭司・定森露子（2019）．ホロニカル・アプローチ　―統合的アプローチによる心理・社会的支援―　遠見書房

斎藤　環（2015）．オープンダイアローグとは何か　医学書院

斎藤　環・與那覇潤（2020）．心を病んだらいけないの？　―うつ病社会の処方箋―　新潮社

サトウタツヤ（2015）．TEA（複線径路等至性アプローチ）　コミュニティ心理学研究，19，52-61.

Seikkula, J.（2002）. Open dialogue with good and poor outcomes for psychotic crisis : Examples from families with violence. *Journal of Marital and Family Therapy*, 28, 263-274.

Seikkula, J. & Arnkil, T.E.（2006）. *Dialogical meetings in social networks.* London : Karnac Books
（高木俊介・岡田　愛（訳）（2016）．オープンダイアローグ　日本評論社）

障害者福祉研究会（編）（2002）．ICF 国際生活機能分類　―国際障害分類改訂版―　中央法規出版

鈴木文治（2015）．閉め出さない学校　―すべてのニーズを包摂する教育へ―　日本評論社

田中康雄（2007）．子ども達の「生きづらさ」を考える　―児童精神医学の視点から―　子ども発達臨床研究，1，3-10.

田中康雄（2009）．支援から共生への道　―発達障害の臨床から日常の連携へ―　慶応大学出版会

田中康雄（2011）．発達支援のむこうとこちら　日本評論社

津田英二（2012）．物語としての発達／文化を介した教育　―発達障がいの社会モデルのための教育学序説―　生活書院

The Transformation Process of the View on "Disorder" in a Person with Developmental Disorder : Thinking about the Ba（Field）Needed for People Who Have Difficulty Living

Norifumi Senga[1], Yuko Honda[2]

1) Doho University, Department of Social Welfare
2) Meijo University, Support Center for Students with Disabilities

This study aimed to clarify the process of transforming the views on "disorder" in a person with developmental disorder and to provide an opportunity to think about the ba（field）needed for people who have difficulty living through interviews. Three interviews were conducted with a person who did not attribute the difficulty in living to "developmental disorder" but who was engaged in activities that confronted not only himself but also others and the society. A model was constructed by the Trajectory Equifinality Approach（TEA）, a qualitative research method that views humans as open systems and emphasizes the flow of time. The Three-layered model of genesis（TLMG）was applied to understand the detail transformation process of a person with developmental disorder in the mutual help group leading to the Value Transformation Moment（VTM）. This research emphasized the importance of "creating new social bonds" that go beyond the supportee-supporter relationship and build mutually supportive and inclusive relationships. This study concluded that the ba（field）of trial and error is required to create a new life by sharing our distress, acknowledging each other, and supporting each other.

Keywords : developmental disorder, view on "disorder," creating ba（field）, supportee-supporter relationship, Trajectory Equifinality Approach（TEA）

実践研究論文の投稿のお誘い

『臨床心理学』誌の投稿欄は，臨床心理学における実践研究の発展を目指しています。一人でも多くの臨床家が研究活動に関わり，対象や臨床現場に合った多様な研究方法が開発・発展され，研究の質が高まることで，臨床心理学における「エビデンス」について活発な議論が展開されることを望んでいます。そして，研究から得られた知見が臨床家だけでなく，対人援助に関わる人たちの役に立ち，そして政策にも影響を与えるように社会的な有用性をもつことがさらに大きな目標になります。本誌投稿欄では，読者とともに臨床心理学の将来を作っていくための場となるように，数多くの優れた研究と実践の取り組みを紹介していきます。

本誌投稿欄では，臨床心理学の実践活動に関わる論文の投稿を受け付けています。実践研究という場合，実践の場である臨床現場で集めたデータを対象としていること，実践活動そのものを対象としていること，実践活動に役立つ基礎的研究などを広く含みます。また，臨床心理学的介入の効果，プロセス，実践家の訓練と職業的成長，心理的支援活動のあり方など，臨床心理学実践のすべての側面を含みます。

論文は，以下の5区分の種別を対象とします。

論文種別	規定枚数
①原著論文	40 枚
②理論・研究法論文	40 枚
③系統的事例研究論文	40 枚
④展望・レビュー論文	40 枚
⑤資料論文	20 枚

①「原著論文」と⑤「資料論文」は，系統的な方法に基づいた研究論文が対象となります。明確な研究計画を立てたうえで，心理学の研究方法に沿って実施された研究に基づいた論文です。新たに，臨床理論および研究方法を紹介する，②「理論・研究法論文」も投稿の対象として加えました。ここには，新たな臨床概念，介入技法，研究方法，訓練方法の紹介，論争となるトピックに関する検討が含まれます。理論家，臨床家，研究者，訓練者に刺激を与える実践と関連するテーマに関して具体例を通して解説する論文を広く含みます。④「展望・レビュー論文」は，テーマとなる事柄に関して，幅広く系統的な先行研究のレビューに基づいて論を展開し，重要な研究領域や臨床的問題を具体的に示すことが期待されます。

③「系統的事例研究論文」については，単なる実施事例の報告ではなく，以下の基準を満たしていることが必要です。

①当該事例が選ばれた理由・意義が明確である，新たな知見を提供する，これまでの通説の反証となる，特異な事例として注目に値する，事例研究以外の方法では接近できない（または事例研究法によってはじめて接近が可能になる），などの根拠が明確である。
②適切な先行研究のレビューがなされており，研究の背景が明確に示される。
③データ収集および分析が系統的な方法に導かれており，その分析プロセスに関する信憑性が示される。
④できる限り，クライエントの改善に関して客観的な指標を示す。

本誌投稿欄は，厳格な査読システムをとっています。査読委員長または査読副委員長が，投稿論文のテーマおよび方法からふさわしい査読者2名を指名し，それぞれが独立して査読を行います。査読者は，査読委員およびその分野において顕著な研究業績をもつ研究者に依頼します。投稿者の氏名，所属に関する情報は排除し，匿名性を維持し，独立性があり，公平で迅速な査読審査を目指しています。

投稿論文で発表される研究は，投稿者の所属団体の倫理規定に基づいて，協力者・参加者のプライバシーと人権の保護に十分に配慮したうえで実施されたことを示してください。所属機関または研究実施機関において倫理審査，またはそれに代わる審査を受け，承認を受けていることを原則とします。

本誌は，第9巻第1号より，基礎的な研究に加えて，臨床心理学にとどまらず，教育，発達実践，社会実践も含めた「従来の慣習にとらわれない発想」の論文の募集を始めました。このたび，より多くの方々から投稿していただけるように，さらに投稿論文の幅を広げました。世界的にエビデンスを重視する動きがあるなかで，さまざまな研究方法の可能性を検討し，研究対象も広げていくことが，日本においても急務です。そのために日本の実践家や研究者が，成果を発表する場所を作り，活発に議論できることを祈念しております。

（査読委員長：岩壁 茂）（2017 年 3 月 10 日改訂）

新刊案内

Ψ金剛出版　〒112-0005　東京都文京区水道1-5-16　Tel. 03-3815-6661　Fax. 03-3818-6848
e-mail eigyo@kongoshuppan.co.jp　URL https://www.kongoshuppan.co.jp/

CPC-CBT
親子複合型認知行動療法
セラピストガイド
身体的虐待リスクのある子どもと家族をエンパワーする

[著] メリッサ・K・ラニアン　エスター・デブリンジャー
[監訳] 亀岡智美　花房昌美

セッションの実践経験と研究のエビデンスから編み出された全16〜20セッション「親子複合型認知行動療法（CPC-CBT）」は，構造化されたセッションメニュー，臨床家の言葉の例示，想定問答集をガイドに，親子が「共に学んで一緒に変わる」ゴールを一歩ずつ目指してゆく。　　　　　定価4,620円

カップルのための感情焦点化療法
感情の力で二人の関係を育むワークブック

[著] ベロニカ・カロス=リリー　ジェニファー・フィッツジェラルド
[監訳] 岩壁茂　[訳] 柳沢圭子

本書では，読み進めながら33のワークをこなすことにより，個人の感情とパートナー同士のやりとりに焦点を合わせ，パートナーとの絆をよりよいものにするための方法を提示する。具体的には，まず①関係にまつわる欲求が満たされない時に双方でどういう反応が起こるのかを知る，②双方の感情を理解する，③双方の感情，欲求，希望，願望について語り合う，このプロセスを踏むことで二人の信頼を深めていく。パートナー間で有意義な会話を重ねることによりお互いを尊重することが可能となるだろう。　　　　定価4,180円

心の健康教育ハンドブック
こころもからだも健康な生活を送るために

[編著] 坂野雄二　百々尚美　本谷亮

近年，わが国では平均寿命，健康寿命ともに大きく延びているが，一方でうつ病や不安症などのストレス関連障害，不登校やひきこもりも増加の一途をたどっており，こころの健康への関心がますます高まってきている。心の健康教育とは，こころの問題が発生することを予防するとともに，問題を抱えてしまった時にその状態から速やかに回復できるようになることを目的として行われる教育活動である。本書では，斯界の第一線で活躍する執筆陣が基礎資料や最新の知見に基づいて，こころの健康の維持増進に向けた考え方と取り組みについて丁寧に解説する。　　　　定価3,520円

価格は10%税込です。

🔗 臨床心理学 ✳ 最新研究レポート シーズン 3
THE NEWEST RESEARCH REPORT SEASON 3

第**31**回

思春期の子どもから見て ADHD とその治療はどんなふうに体験されているのか？

Eccleston L, Williams J, Knowles S & Soulsby L（2019）Adolescent experiences of living with a diagnosis of ADHD : A systematic review and thematic synthesis. Emotional and Behavioural Difficulties 24-2 ; 119-135. doi:10.1080/13632752.2019.1582762

高橋 史 *Fumito Takahashi*
［信州大学学術研究院教育学系］

I　はじめに

　注意欠如・多動症（attention-deficit/hyper-activity disorder : ADHD）については，幼児期から児童期に関する豊富な研究知見に加えて，成人期に関する基礎研究と臨床研究も数多く報告されるようになり，生涯支援の確立に向けて研究も臨床も日々前進しています。近年では，ADHDのある人の思春期の困難とその支援法についても，知見が蓄積され，データに基づいて支援方針が提案されるようになりました（e.g., Chan et al., 2016）。

　知識が増えて支援者として支援方針を明確に持てること自体は素晴らしいことなのですが，実証に基づく治療（evidence-based medicine : EBM）とは，支援者が持つ専門知識とそれのみに基づく決定をクライエントに押し付けるものではありません。むしろ，専門知識を参照して治療の見通しを立てつつ，当初はうまく言葉にならないかもしれないクライエントの希望や意向を引き出し，言葉になったものは尊重して受け止め，整理し，共に意思決定をしていくプロセスにこそ，EBMの本質があります。

　共同的な意思決定をするためには，支援者側から見た治療効果のエビデンスだけでなく，青年側から見た治療に関するエビデンスも必要です。そうしたエビデンスがなければ，青年たちにとって受け入れやすく妥当性の高い治療を開発することも提供することもできません。そんな研究者・支援者のニーズに応えようとしたのが，Eccleston et al.（2019）による，ADHDのある青年の語りを統合・分析した研究です。

II　思春期 ADHD の当事者の声を拾う研究

　今回ご紹介する論文は，当事者の語りの共通性や特異性を見出すために質的研究の結果の系統的レビューを行ったものです。以下の5つの条件を満たす研究論文が検索対象でした。（a）英語で書かれている，または英語に翻訳されていること，（b）13～18歳の青年自身の語りや視点に関する研究であること，（c）対象者はADHDと正式に診断されていること，（d）データ収集と解析に質的手法が用いられていること，（e）査読を受けていること。4つのデータベースを使って検索をかけてヒットした1,655件の論文をチェックし，上記の基準を満たさないものを削除して，残った11件の研究論文，合計166名の青年の語りが分析対象となりました。これらの研究が実施された

国は，アメリカ，カナダ，イスラエル，オーストラリア，ノルウェー，スウェーデン，フランス，ドイツ，イタリア，オランダ，スペイン，イギリスの12カ国でした。

分析の結果，ADHDのある青年の語りから，大きく分けて5つのテーマが抽出されました。以下，テーマごとに一部抜粋しながら内容を見ていきます。

III　テーマ1――困難の理解の仕方

「ぼくは馬鹿だから，学校でのことも何もわからないんだ」

「もし私にADHDがなかったら，それはもう私じゃないと思う……だって，ADHDがなかったら，完全に別人になっちゃうから」

ADHDの特徴とそれに伴う生活上のさまざまな困難について，ADHDのある青年本人はどう思っているのでしょうか？　青年から語られたのは，ADHDは疾患・障害である，治療はほとんど薬物療法のみであった，そして，診断や治療の決定プロセスにほとんど関与させてもらえなかった，といったことでした。ADHDに伴う困難には，学業上の困難（例：集中できず課題やテストを終えられない，先延ばししてしまう）に加えて，対人関係上の問題（例：怒りやフラストレーションを他人にぶつけてしまう，泣いたり狼狽してしまう，他人とかかわるのを避ける）も多く語られました。このあたりは，ADHDの医学モデルに基づく一般的な特徴としてよく描かれるものであり，青年自身からも同様に語られていました。

一方，ADHDの「症状」そのものを問題ととらえず，自分という人間の欠かせない一部分であるととらえる向きもありました。自分自身は人としてノーマルであり，「症状」が困難を引き起こすことはたしかにあるけれど，それと同時に強みになることもあり（例：活発，面白い，行動的），全部ひっくるめて自分のそういうところが好きだ，という語りです。「こうあるべき」という周りからの目や要求の方がツラい，という語りもあ

りました。

IV　テーマ2――社会からの圧力

「じっと座ってろとか，そわそわ動くなとか，集中しろとかって言われて，そうできるときもあるんだけど，自分じゃどうにもならないときもあって……」

「母さんはぼくの言うことなんて何も聞いてくれなかった。そんな状況を，がまんするしかなかったんだ」

社会が期待する姿やルールにピタッとフィットするように求められる数々の圧力と，青年自身の個性というかその人自身は尊重もされず受け入れられてもいないという感覚は，レビュー対象となった多くの論文の参加者から語られていました。これは「日本は同調圧力が強いから……」と日本の特徴のように語られることが多いテーマですが，諸外国でも事情は同じようです。

周囲から期待されることとしてよく語られたのは，授業に興味を持って集中して取り組むこと，宿題をこなすこと，そして薬を飲むことです。ある研究は，授業と宿題に関する期待に対して男女で異なる反応が見られると報告しています。それは，女性は周囲からの期待を内面化して（自分自身の価値観として取り入れて）自分はダメだと感じるようになり，男性は強がって周囲からの期待を否定することでツラさから身を守ろうとする，というものです。薬を飲むことに関しては，選択の余地はなく，さも当然のように飲むものとされていて，飲み続けることを親や医師から強制されているように感じると語る参加者も多く存在しました。

大人との関係性という点では，青年自身の意見は軽んじられ，否定され，ときには反抗的・不従順というラベルをつけられるという語りも見られました。いわゆる目上の人（例：親，教師，支援者）と反対の意見や見方を表明すると，「あの子はまだ子どもだし，よくわかっていないから」とまともに取り合ってもらえない，ということです。たとえば，薬の副反応がとてもツラいのに全くわかってもらえない，などです。ADHDのある青

年は（ADHD がなくてもそうだと思いますが），自分自身が実際に体験して身をもって得た知識・情報を大人にちゃんと受け取ってほしいと思っているし，それが達成できないときには青年側が「反抗的・不従順」だということになってしまう，という経験も語られました。

大人だけでなく，友人との関係性でも，偏見，いじめ，拒否を経験していました。そのため，ADHD のある青年は時として，診断を受けて薬を飲んでいることを隠していました。他の人と違う扱いを受けないようにするためです。

V　テーマ 3——自己の感覚

「（薬を飲んで私は）ずいぶん変わっちゃいました。落ち着いてて，静かで，おとなしくて……。でも本当は，もっとワイルドな自分でいたいんです」
「周りに合わせて普通でいないと，友だちもできないし，いじめられる」

レビュー対象となった 11 件の研究すべてで ADHD のある青年が語ったのは，自分は他の人と違うという感覚でした。友だちを作って友人関係を続けていくのが実際に難しいということや，「普通じゃない」ように見えたりいじめられたりしないよう，診断を受けていることも薬を飲んでいることも隠した方がいいと感じているという語りも多くありました。周りの期待に応えたり，ものごとを「正しく」遂行したりできず，自分はダメな人間だという感覚や低い自尊心に悩まされていました。周囲から好かれて受け入れられるように，必死に努力をして周囲を喜ばせようとする人もいました。薬を飲むことでようやく「より普通」になれてうまくやれる，という語りもありましたが，研究に参加した青年のおよそ半数が，薬を飲むことでアイデンティティ喪失や疎外感を覚えていました。

一方で，それとは違うことを語る青年もいました。研究参加者のなかには，他の人と違うとは感じないし，偏見の目にさらされたこともないし，ADHD のおかげでむしろ自分のことをユニークで特別な存在だと感じられると語る人もいました。薬を飲んだからといってアイデンティティの感覚が変わったりもせず，自分自身に強みがあるという感覚も保たれていました。

VI　テーマ 4——薬について思うこと

「やるべきことができるようになった。薬のおかげで，自分のことを普通の人みたいに思えるようになったんだ」
「授業中に座ってはいられるけど，すごく疲れちゃって，何も考えられなくて。（薬を飲んでいる時期は）あんまりお腹は空かなくて，疲れることも少なくなって，でも，何かをしたいって気にもならなかった」

研究に参加した青年の約半数が薬の効果を実感していて，その効果に関する語りは学習場面にほぼ限定されていました。残りの半数については，服薬後には疲れやすくなったり何事にも興味がわかなくなったりして，学習パフォーマンスはむしろ下がったと語っていました。自分は静かでおとなしくなったが，それはつまり教師や周囲の友だちにとって良かったのであって，必ずしも自分にとって良かったわけではないという語りもありました。

副反応には，身体的なものと精神的なものがありました。身体的副反応として語られたのは，食欲減退，体重減少，めまい，頭痛，腹痛，吐き気，易疲労感，活力の低下などです。青年のなかには，そうした副反応には慣れた，もう副反応は感じないと語る人もいました。どちらかというと，精神的副反応の方をツラく感じていたようです。それはたとえば，無感情，無気力，イライラ，あるいは，人付き合いやかつて楽しんでいた活動への意欲の低下などです。こうした副反応を受けて，「自分というものが失われてしまった」感じがしたり，対人関係に影響が出たりしていました。

このように，ADHD への薬物療法について，薬の効果をその身に受ける青年自身からは，良い効果と副反応を天秤にかける難しさが語られていました。その上で，レビュー対象のどの論文でも

一貫してテーマとなっていたのは，薬を飲み続けたくはないという青年側の希望でした。

VII　テーマ5──能動的立場へとシフトする

「母さんなしで，やっていける気がしない。実家を出なきゃいけなくなったとき，ぼくはどうなってしまうんだろう」

「先生の教え方がすごく良くて，そのおかげで私でも学んでいけたんだと思う」

ADHDのある青年にとっては，薬を一生飲み続けたいわけではないけれど，薬なしではまともに仕事ができないのではないかという葛藤も同時にありました。今まで他の子のようにうまくやれなくて自分はダメ人間だったという感覚から，恋人を見つけたり，学業でそれなりに成功したり，やりがいのある仕事に就いたり，そして両親のサポートなしで一人暮らしをしたりといった将来の出来事について，不安を感じていました。

こうした，大人からの指示やサポートを受け取るだけの状態から自律的に意思決定する存在へとシフトしていくプロセスは，思春期の特徴であり，レビュー対象論文のうち4件で詳細に記述されていました。このプロセスは，青年の年齢や成熟度，ADHDとその治療に関する知識や気づきの程度と関連していました。

こうした思春期の葛藤のなかで，研究に参加した青年たちは，ADHDの治療に何を求めていたのでしょうか？　まず青年が語っていたのは，十分なサポートとエンパワーメントがあれば，青年も積極的に治療上の役割を果たせるということです。そのためには，ちゃんと情報が伝えられ，共有され，青年のことが理解され，承認され，そして青年の語りや意見を真摯に受け取ってもらえることがどれだけ大切かということも強調していました。また，自分自身のニーズを最もよく満たす支援を受けられるよう，さまざまな支援オプションについてもっとよく理解したいとも語っていました。

VIII　実践への示唆

レビューを通して明らかになったのは，青年のためのメンタルヘルス支援で推奨される方法（Mental Health Taskforce, 2016）とは異なり，診断と治療のいずれにおいても，ADHDのある青年は対等な意思決定者とも治療チームの価値ある一員とも見なされていない現状でした。レビュー対象となった研究論文の参加者である青年たちは，十分なコンピテンスがあるにもかかわらず，自分自身が受ける治療への同意すら求められていませんでした。

支援を受けた方がよいという点は青年からも語られていましたが，どのような支援がベストであるかを専門知識と大人の合意のみによって決定してしまってよいかどうか，青年が意思決定をするために十分な情報や支援が提供されているかどうかについては，再考の余地があるかもしれません。また，青年が経験する困難への理解とサポートに加えて，青年一人ひとりの強みや資源にも焦点を当てることが推奨されます。

IX　この研究結果をどう受け止めるか

これはなかなか一筋縄ではいかない議論です。Eccleston et al.（2019）が報告したのは，あくまでも青年という単一の情報源の語りを統合した分析結果ですので，親や支援者がどういう意図で支援をしていたのか，背景の事情はほぼ反映されていません。そういう意味では，この研究の結果だけをもって親や支援者に不手際があったと糾弾するのも少し違うように思います。

それでもなお，少なくとも青年にとって自分のことを決める場で自分が尊重されていない感じがするという事実は，青年をサポートする立場にある支援者であれば念頭に置いておきたい知見です。制度や事情が許す限りにおいて，青年自身を治療チームの価値ある一員として当然のように迎え入れたいものですし，それができないときにも青年の疎外感・不承認感への最大限の配慮を示し

たいものです。また，こうした疎外感・不承認感が治療効果におよぼす影響などについても，さらなる研究が必要かもしれません。

▶文献

Chan E, Jason MF & Paul GH（2016）Treatment of attention-deficit/hyperactivity disorder in adolescents : A systematic review. JAMA : Journal of the American Medical Association 315-18 ; 1997-2008. doi:10.1001/jama.2016.5453

Eccleston L, Williams J, Knowles S & Soulsby L（2019）Adolescent experiences of living with a diagnosis of ADHD : A systematic review and thematic synthesis. Emotional and Behavioural Difficulties 24-2 ; 119-135. doi:10.1080/13632752.2019.1582762

Mental Health Taskforce（2016）The five year forward view for mental health. Mental Health Taskforce : NHS England.

♪ 主題と変奏——臨床便り

第 **52** 回

精神分析と美的モデルネ

比嘉徹徳

［専修大学ほか非常勤講師］

Freud は自由連想を「詩的創造の本質的条件」に例えている。患者は思い浮かんだことを自己批判せずに分析家にむけて話すよう促されるが，精神分析のこの基本的な技法は，Schiller その他の作家らを挙げて補足説明されている。「悟性が，流れ込んでくる諸観念をいわば入り口のところであまりに厳格に吟味するのはよくないし，魂の創造行為にとって不利益なように思われる」(『夢解釈』)。それにもかかわらず Freud は，精神分析が「芸術的業績」として評価されることを拒否している (「分析技法の前史にむけて」)。

精神分析と芸術および美的なものとのつながりは，Freud の拒絶にもかかわらず，示唆に富んでいる。

思い浮かぶに任せること，素材の意識的な取捨選択をしないこと——こうした偶発性を重視する方法論は，まぎれもなく近代の芸術の動きと軌を一にしている。

ところで近代化とは，価値と規範の世俗化と合理化・効率化が社会の隅々まで行きわたる過程とされる (Weber)。そのとき，芸術 (および美学批評)はそれとは異なる領域として自律していく。この領域には，一般の社会的な価値に対する批判がそもそも含意されている。とりわけ前衛的芸術は，市民社会的な価値づけへの異議申し立ておよび抵抗の拠り所となる。思想の文脈では「美的モデルネ」と呼ばれる (モデルネとは「近代〔現代〕精神」の意)。この領域に，社会から抑圧・排除された美のみならず性愛が流れ込むことは容易に想像できる。しかし注意すべきは，不合理なものが美的モデルネを構成しているのではなく，美的なものがそれ独自の合理性や (社会からいったん切り離された) 固有の法則性を打ち立てることによって自律した領域になるということである。効率性や生産性に覆われた社会を批判して，別の可能性と理想を示唆することに美的モデルネの意義がある。

一般に美的モデルネは Baudelaire (および Nietzsche) から説き起こされるが，近代の芸術作品に特徴的なのは，束の間のもの・過ぎゆくもの・偶然のものを素材としつつ，その中に永遠のものとの交点を探し求めることである (Habermas『近代の哲学的ディスクルス』)。いわば，ありふれたもの・日常的なものの中にそれを批判し打破する契機を見出そうとする。

この美的モデルネが偶発性において精神分析と交差する地点を想像してみる。Freud が切り開いた精神分析の空間には，性愛のみならず日常に場所を持たない幻想，苦痛や悲哀が流れ込む。美的モデルネが偶然の素材にそれ固有のものを見出すのと同じく，精神分析も自由連想を用いて，分析空間で生じるさまざまな偶然から患者にとって固有のものを見出そうとする。精神分析による偶発性の重視は，日常的な価値の上下および善悪をカッコに入れることに帰結する。Philip Rieff (『治療者の勝利』) によるなら，精神分析は日常生活からの積極的な切断である。それは自らのあらゆる欲望に勇気をもって言葉を与える実践であり，自らの真理を見出そうとする営みである。その真理は自ずと常識的な価値からのズレをはらむ。

精神分析の美的なものとの隣接は偶然ではない。この両者の近さについての考察は，精神分析のポテンシャルのさらなる考察となろう。

書評 BOOK REVIEW

瀧川賢司 [著]
犯罪を起こした知的障がい者の就労と自立支援

クリエイツかもがわ・A5判並製
2021年4月刊
定価2,860円（税込）

評者＝山﨑康一郎（日本福祉大学）

　2000年以降，犯罪・非行のあった障害者に関心が集まるようになった。こうした障害者の多くは福祉につながることなく，比較的軽微な犯罪を繰り返し，ある意味，刑務所がセーフティーネット化していた。そこで，福祉と司法の連携によって，犯罪・非行のあった障害者や高齢者が再犯なく生活できるよう支援する動きが始まり，釈放後の支援（いわゆる出口支援），被疑者・被告人段階の支援（いわゆる入り口支援）が行われている。

　福祉施設は，犯罪・非行への対応を第一義的な目的としておらず，当初はガイドとなる方法論がほとんどないなか，手探りで支援が行われていたが，現在では，支援についての経験が蓄積され，提示されるようになってきている。また，社会福祉士養成課程に「刑事司法と福祉」という科目が設置された。

　こうしたなかで，本書は，働くことを基盤として，犯罪があった知的障がい者への具体的な支援を示すものである。本書の特徴として，「いきいき」とした就労を軸にしていること，当事者を対象としていること，多様な研究手法を用いていることがあげられる。

　まず，著者はメーカーで長年エンジニアとして研究開発に携わり，充実した会社生活を送ったという経歴が紹介されている。この経験が本書の根幹にある。「いきいき」働くことが，経済的，社会的自立を促進し，自己実現を可能にするものと捉えている。本書では，就労そのものの意義からはじめ，障がい者が働く意義，犯罪を起こした知的障がい者が働く意義へと検討を進めている。そして，犯罪歴のある人を受容し，関心を持ってくれる職場で，安心して，自分の能力を活用でき成長を感じられる仕事が与えられることが就労の継続につながるとしている。

　次に，犯罪のあった知的障がい当事者の主観的体験を取り上げた研究は少ない。犯罪歴，知的障がいがある当事者のインタビュー調査には相当の倫理的配慮が必要であり，当事者の語りを丁寧に分析した本書は，本人の信念に触れられる貴重な機会である。

　さらに，当事者やその支援者の体験，支援の実態に迫るための研究方法が工夫されている。就労系福祉事業所職員への調査では，事例を提示するビニエット法を採用して犯罪や当事者のイメージを絞り，支援者の意識を明らかにしている。また，当事者のインタビュー結果では，ライフ・ライン・メソッドを用い，主観的体験を客観的に伝える工夫がなされている。

　このように本書には，犯罪のあった知的障がい者のリアルが示されている。

　福祉の支援につながることで，生活課題が改善され，再犯のない地域生活に至る障害者がいる一方で，犯罪からの離脱が難しいケースもあり，依存など複雑な課題への心理臨床による支援が求められることがある。障害者福祉の領域では心理職の数は少ないが，今後，そうした複雑で多様なニーズを抱えた障害者への支援に，臨床心理学の知見がより一層活用されることが望まれる。そして，本書がそのきっかけになればと願う。

樋口隆弘［著］

子どもの発達検査の取り方・活かし方
—— 子どもと保護者を支えるために

2021年5月刊
誠信書房・A5判並製
定価2,200円（税込）

評者＝山根志保（大阪府スクールカウンセラー）

集団生活の中で行動に困っている子ども，コミュニケーションの苦手さからトラブルの多い子ども……検査にやってくる子どもの中に，子ども自身が納得して検査に臨んでいるのか，と疑問に思う事例も少なくない。それは検査をすすめる場合においても，どんな目的ための検査なのか，としっかり考えたうえで責任感を持って行わなければならないと思っている。そのさまざまな背景考えると，検査に至るまでの子どもの想い，周りの想い……いろいろなものを含みながら検査に来ていることがよくわかる。

本書は，普段何気なく業務をこなすのではなく，検査前，実施中，所見書作成など検査全体を通して，いろいろな場面で当たり前であると検査者が思い込んでいることを，立ち止まって考え直す機会を与えてくれている。

実際に検査を実施する前にどのようなことを検査者の中で準備しておくのか，という検査前の意識に丁寧に向き合うこと。本書の内容の中には，子どもや保護者とのやりとりも細かく書かれており，読み手も自分がその場でどのように行動するか，言葉をかけるかなど，検査をとる場面を頭の中でイメージしながら読み進めることができる。著者が出会った事例を読み進めながら，著者がとった言動をただ手本にするのではなく，是非自分自身で考え・判断して，子どもを目の前にしたときの検査者の引き出しとして持っておきたい。

検査の準備として，著者は，マニュアルを読み込み，検査項目においてどのようなものをはかろうとしているのかを読み取り，真摯に向き合いながらも，検査に工夫のいる子どもの行動を理解するための考え方を示してくれている。検査実施時に，この場面をどうとらえるべきか，と悩む場面はたくさんある。迷った場面から得られる情報を役に立つ情報とすれば，子ども全体をとらえるチャンスにもなることに気づかされる。

本書に紹介された配慮や考え方は，他の検査やカウンセリング場面にも活かせるものであり，本書をきっかけに，改めて検査者の検査への姿勢，さらには検査者独自の（相手に影響を与えてしまう）「クセ」なども見つめることができる内容でもある。集中力が続きにくい，年齢の低い子どもの検査をとるときの工夫も著者と子どもとのやりとりから学ぶことができた。

検査結果が，今後の生活にどのように役に立つのか。それは，数値や結果を正確に知ること以上の重みで望まれていることなのかもしれない。検査後に，子どもや保護者に「受けてよかった」と達成感や安心感を与え，生活に戻っていける所見になるよう，検査者は努力を続けたい。

最後に，本書は，著者の検査場面での細やかな配慮と，子どもと子どもに関わる方々への尊敬が伝わり，随所に考え抜かれた「丁寧さ」が感じられる一冊であることを伝えておきたい。

山崎孝明 [著]

精神分析の歩き方

金剛出版・A5判並製
2021年5月刊
定価3,740円（税込）

評者＝**信田さよ子**（原宿カウンセリングセンター）

　「ぜひ書評を書いてください」と著者から依頼を受けたのは，まだ本書の刊行前だった。内容も読まないうちに引き受けるのもどうかと思ったが，著者の論文を読み，実際お会いしたときの熱意に打たれたので，即答でお引き受けした。その後で，精神分析から距離を取って臨床活動を行ってきた私が果たしてよき評者になれるだろうかと迷ったが，実際に読んでみてそれが杞憂であることがわかった。

　スタートから秀逸だ。批評家・東浩紀からヒントを得て，精神分析の世界に「観光客」を招き入れようとする前書きに感心する。ところが，観光客気分で読めるかと思ったのもつかの間，内容は終始，切迫感溢れるものだった。なかでも興味深かったのは第4〜5章だ。おそらく若手の心理職はあまり知らないような歴史が丁寧に書かれている。時代的にリアルに経験した立場のひとりとして，心理職の資格にまつわる政治的背景がよくわかる描写だと思った。そこから読み取れるのは，宿痾にも似た精神科医および厚生労働省との関係であり，私たちの専門性とは何かという問いである。ある歴史学者の，歴史を丹念にたどることなくして未来を見通すことはできない，という言葉を思い出す。1970年代の日本臨床心理学会から現在の日本心理臨床学会までの歴史を，心理職としてたどった記述が少ないのは，いまだに微妙な問題であり続けているからだろう。本書のすばらしいところは，論争喚起的であることを恐れず，むしろそれを期待しながら書かれている点だ。読んでいて引き込まれ，その勇気に感動させられる。言い換えれば，それほど著者は危機感を抱いているのだろう。

　心理職初の国家資格である公認心理師の試験に，精神分析に関する設問がほとんどなかったことは驚きだったし，それ以前から精神分析の影響力の退化は評者ですら感じるほどだった。著者は，だから観光客を呼び込もうと思った。しかしそれだけではない。本書は鋭い内部批判の書でもあることを忘れてはならない。精神分析の中心的担い手にその危機感が共有されていないことを，最終章ではっきりと批判している。「外」に開かれることなくして精神分析は生き残っていけないという主張を知ることで，最初に感じた切迫感の謎が解ける思いだった。

　評者自身，ずっと開業機関として生き残ってくることだけを考えてきた。非精神分析的立場ではあるが，その切迫感はよくわかる。著者と同じ年齢の頃，精神分析は巨大な権威に思えたものだが，30年近く経って，今度は「外」に開くようにと内部批判が生まれたことになる。しかしそれがどれほど幸いなことかを思う。著者を支える先達や仲間の存在がなければ，本書は誕生しなかっただろう。さまざまな流派がある心理職において，このように鮮明な問題意識の書が誕生したのは精神分析が嚆矢ではないだろうか。「外」で臨床活動をするひとりとして，今後の活躍を心より期待したい。

アンドレ・グリーン［著］　ジャン・アブラム［編］
鈴木智美・石橋大樹［訳］

アンドレ・グリーン・レクチャー
—— ウィニコットと遊ぶ

2021年5月刊
金剛出版・A5判上製
定価3,300円（税込）

評者＝上田勝久（兵庫教育大学）

　本書は1987年から1997年にかけてスクウィグル財団および国際精神分析学会大会にて行われた，フランスの精神分析家 André Green による5つのレクチャーの翻訳書である。

　私にとって本書は相当に難解で，はっきりいって書評と呼べる稿を提示することはできない。ほぼ感想のような記述になることをご容赦願いたい。

　おそらく本書で彼が注目しているのは，外的・内的に患者が表現するもの，それに対して種々の分析理論を通じて私たちが読み取ったもの，そうした俎上に乗せられた事象や思考の「裏側」で機能する事柄である。彼はこの常に「埒外」にあろうとする陰画的事柄を「ネガティヴ」と概念化し，反−表現（単なる否認ではなく，表現にならなかったもの，経験はしたが体験として組織化されなかったもの，実現化されなかったもの），枠組み構造（Winnicott のホールディングや潜在空間，Bion のコンテイナー），不在（無−物と無，対象の不在）などの概念と結びつけて論じた。手を紙に押し付け，その上から塗料を散布していくと，手を離したときに「描かれていない手」が「現れる」。この痕跡としての在への着目である。

　こうしたネガティヴの病理的因子として彼が注目しているのは分離の問題であり，不在への耐え難さだが（基本的には Bion の「不在の対象＝迫害的対象の現前」という理解に依拠しているようである），彼は単にそれを環境因として語るのではなく，主体のありようとしてメタサイコロジカルな視座から検討しようとしている。

　母との身体的分離を移行対象の創造をもって補填しえないとき，対象への脱備給が生じ，「表象の不在という表象」，すなわち陰性幻覚が前景化する。移行空間において抱えられているときには，この陰性幻覚は空想へと置換されて分離を補うが，そうでなければ（対象の回帰という期待をはらんだ）「不在」は「空白」，

（無−物ではない）「無」と化し，たとえ対象が戻ってきたとしても，対象は「いるのにいない」「非−存在」として体験される。結果，乳児−患者は変化や新たな領域を探求することの不可能性に突き当たり，反復的な陰性治療反応へと至る（Green は死の本能の内実を対象への脱備給＝脱対象化機能の結果として論じている。ちなみにこの外傷的状況に対する非−存在をめぐる議論は Ferenczi の考えとも通底するように思われる）。

　対して，Green の治療論が語られているのが，第一講，第二講，第三講である。分析状況におけるネガティヴを掬い取るうえでの comprendre（Whitehead の抱握に通じる印象がある），持続的に新たな対象を創造していく力である対象化機能の賦活，そして，単体（一組）の母子の潜在的第三者として在する父親への注目，Peirce のセミオティック・トライアッド（記号，実体，解釈項の三項関係）を用いた解釈の創造性と意味の創発性をめぐる議論などがそれに該当すると思われる。

　お気づきのように，この書評は「おそらく」とか「思われる」といった表現を多用している。私は Green の思考をほとんどつかめていない——

　だが，今後の私の分析臨床において，彼の思考が背景的事柄として私の基底に流れることは間違いないだろう。そして，いつか時期がくれば，それは明確な形を取るのかもしれない。このような貴重な読書体験を提供してくれた翻訳者の方々に感謝したい。

臨床心理学
第21巻　総目次
2021年（通巻121〜126号）（　）内は号数

第21巻　人名索引

2021年（通巻121～126号）（　）内は号数

投稿規定

1. 投稿論文は，臨床心理学をはじめとする実践に関わる心理学の研究における独創的で未発表のものに限ります。基礎研究であっても臨床実践に関するものであれば投稿可能です。投稿に資格は問いません。他誌に掲載されたもの，投稿中のもの，あるいはホームページなどに収載および収載予定のものはご遠慮ください。

2. 論文は「原著論文」「理論・研究法論文」「系統的事例研究論文」「展望・レビュー論文」「資料論文」の各欄に掲載されます。「原著論文」「理論・研究法論文」「系統的事例研究論文」「展望・レビュー論文」は，原則として 400 字詰原稿用紙で 40 枚以内。「資料論文」は，20 枚以内でお書きください。

3. 「原著論文」「系統的事例研究論文」「資料論文」の元となった研究は，投稿者の所属機関において倫理的承認を受け，それに基づいて研究が実施されたことを示すことが条件となります。本文においてお示しください。倫理審査に関わる委員会が所属機関にない場合，インフォームド・コンセントをはじめ，倫理的配慮について具体的に本文でお示しください。

★ 原著論文：新奇性，独創性があり，系統的な方法に基づいて実施された研究論文。問題と目的，方法，結果，考察，結論で構成される。質的研究，量的研究を問わない。

★ 理論・研究法論文：新たな臨床概念や介入法，訓練法，研究方法，論争となるトピックやテーマに関する論文。臨床事例や研究事例を提示する場合，例解が目的となり，事例の全容を示すことは必要とされない。見出しや構成や各論文によって異なるが，臨床的インプリケーションおよび研究への示唆の両方を含み，研究と実践を橋渡しするもので，着想の可能性およびその限界・課題点についても示す。

★ 系統的事例研究論文：著者の自験例の報告にとどまらず，方法の系統性と客観性，および事例の文脈について明確に示し，エビデンスとしての側面に着目した事例研究。以下の点について着目し，方法的工夫が求められる。
　①事例を選択した根拠が明確に示されている。
　②介入や支援の効果とプロセスに関して尺度を用いるなど，可能な限り客観的な指標を示す。
　③臨床家の記憶だけでなく，録音録画媒体などのより客観的な記録をもとに面接内容の検討を行っている，また複数のデータ源（録音，尺度，インタビュー，描画，など）を用いる，複数の研究者がデータ分析に取り組む，などのトライアンギュレーションを用いる。
　④データの分析において質的研究の手法などを取り入れ，その系統性を確保している。
　⑤介入の方針と目的，アプローチ，ケースフォーミュレーション，治療関係の持ち方など，介入とその文脈について具体的に示されている。
　⑥検討される理論・臨床概念が明確であり，先行研究のレビューがある。
　⑦事例から得られた知見の転用可能性を示すため，事例の文脈を具体的に示す。

★ 展望・レビュー論文：テーマとする事柄に関して，幅広く系統的な先行研究のレビューに基づいて論を展開し，重要な研究領域や臨床的問題を具体的に示す。

★ 資料論文：新しい知見や提案，貴重な実践の報告などを含む。

4. 「原著論文」「理論または研究方法論に関する論文」「系統的事例研究論文」「展望・レビュー論文」には，日本語（400 字以内）の論文要約を入れてください。また，英語の専門家の校閲を受けた英語の論文要約（180 語以内）も必要です。「資料」に論文要約は必要ありません。

5. 原則として，ワードプロセッサーを使用し，原稿の冒頭に 400 字詰原稿用紙に換算した枚数を明記し，必ず頁番号をつけてください。

6. 著者は 5 人までとし，それ以上の場合，脚注のみの表記になります。

7. 論文の第 1 枚目に，論文の種類，表題，著者名，所属，キーワード（5 個以内），英文表題，英文著者名，英文所属，英文キーワード，および連絡先を記載してください。

8. 新かなづかい，常用漢字を用いてください。数字は算用数字を使い，年号は西暦を用いること。

9. 外国の人名，地名などの固有名詞は，原則として原語を用いてください。

10. 本文中に文献を引用した場合は，「…（Bion, 1948）…」「…（河合, 1998）…」のように記述してください。1）2）のような引用番号は付さないこと。
　2 名の著者による文献の場合は，引用するごとに両著者の姓を記述してください。その際，日本語文献では「・」，欧文文献では '&' で結ぶこと。
　3 名以上の著者による文献の場合は，初出時に全著者の姓を記述してください。以降は筆頭著者の姓のみを書き，他の著者は，日本語文献では「他」，欧文文献では 'et al.' とすること。

11. 文献は規定枚数に含まれます。アルファベット順に表記してください。誌名は略称を用いず表記すること。文献の記載例については当社ホームページ（https://www.kongoshuppan.co.jp/）をご覧ください。

12. 図表は，1 枚ごとに作成して，挿入箇所を本文に指定してください。図表類はその大きさを本文に換算して字数に算入してください。

13. 原稿の採否は，『臨床心理学』査読委員会が決定します。また受理後，編集方針により，加筆，削除を求めることがあります。

14. 図表，写真などでカラー印刷が必要な場合は，著者負担となります。

15. 印刷組み上がり頁数が 10 頁を超えるものは，印刷実費を著者に負担していただきます。

16. 日本語以外で書かれた論文は受け付けません。図表も日本語で作成してください。

17. 実践的研究を実施する際に，倫理事項を遵守されるよう希望します（詳細は当社ホームページ（http://www.kongoshuppan.co.jp/）をご覧ください）。

18. 掲載後，論文の PDF ファイルをお送りします。紙媒体の別刷が必要な場合は有料とします。

19. 掲載論文を電子媒体等に転載する際の二次使用権については当社が保留させていただきます。

20. 論文は，金剛出版『臨床心理学』編集部宛に電子メールにて送付してください（rinshin@kongoshuppan.co.jp）。ご不明な点は編集部までお問い合わせください。

（2017 年 3 月 10 日改訂）

編集後記 Editor's Postscript

　今回のテーマは「喪失・悲嘆」であり，なかでも“あいまいな喪失”というところに焦点を当てて編集をした。編集を終えて考えさせられたのは，“あいまいな喪失”がわれわれの身近に結構あって，しかもそれを体験している人が思いのほか多いということである。その人たちは，明瞭な喪失をした人とは違って，対象が在ったりなかったりするというところでの悲しみ，あるいは悲しめないという苦しみを抱えている。人間誰しも出会いばかりを経験するわけにはいかないし，獲得ばかりをしていくこともできない。そのプロセスにおいては当然，喪失のプロセスも併行される。つまり，出会いや獲得の裏側には同時に別れがあり，つながりが切れ，所有しているものをなくすことがつきまとう。たとえばオリンピック選手にしても同じで，この大舞台に立つまでにどれだけ犠牲にし自分のもとから手放したものがあったか想像するとわかるであろう。いずれにせよ，われわれはそのバランスのなかで生きているのである。ただ，しばしばそのどちらかに振り子が振られ，ヤジロベエが落ちて動きが止まる事態に陥ってしまうこともある。そんな時にこそ，この“あいまいな喪失”を思い出し，「在」と「不在」の間をどう生き抜いていくのかを考える必要がある。　　　　　（橋本和明）

✿編集委員 (五十音順) ………… 石垣琢麿 (東京大学)／岩壁 茂 (お茶の水女子大学)／上田勝久 (兵庫教育大学)
　　　　　　　　　　　　　大嶋栄子 (NPO法人リカバリー)／黒木俊秀 (九州大学)／橋本和明 (花園大学)
　　　　　　　　　　　　　三田村仰 (立命館大学)／村瀬嘉代子 (大正大学)／森岡正芳 (立命館大学)

✿編集同人 (五十音順)　伊藤良子／乾 吉佑／大塚義孝／大野博之／岡 昌之／岡田康伸／神村栄一／亀口憲治／河合俊雄／岸本寛史／北山 修／倉光 修／小谷英文／下山晴彦／進藤義夫／滝口俊子／武田 建／田嶌誠一／田中康雄／田畑 治／津川律子／鶴 光代／成田善弘／長谷川啓三／馬場禮子／針塚 進／平木典子／弘中正美／藤岡淳子／藤原勝紀／松木邦裕／村山正治／山上敏子／山下一夫／山田 均／山中康裕／吉川 悟

✿査読委員 (五十音順)　岩壁 茂 (査読委員長)／金子周平 (査読副委員長)／相澤直樹／青木佐奈枝／新井 雅／石井秀宗／石丸径一郎／石盛真徳／梅垣佑介／川崎直樹／串崎真志／末木 新／田中健史朗／能智正博／野田 航／板東充彦／松嶋秀明／明翫光宜／本岡寛子／山口智子／山根隆宏

臨床心理学 第21巻第6号 (通巻126号)

発行＝2021年11月10日
定価1,760円 (10%税込)／年間購読料13,200円 (10%税込／含増刊号／送料不要)

発行所＝(株) 金剛出版／発行人＝立石正信／編集人＝藤井裕二
〒112-0005　東京都文京区水道1-5-16
Tel. 03-3815-6661／Fax. 03-3818-6848／振替口座00120-6-34848
e-mail rinshin@kongoshuppan.co.jp (編集) eigyo@kongoshuppan.co.jp (営業)
URL https://www.kongoshuppan.co.jp/

装幀＝岩瀬 聡／印刷・製本＝音羽印刷

JCOPY 〈出版者著作権管理機構 委託出版物〉　本誌の無断複製は著作権法上での例外を除き禁じられています。複製される場合は，そのつど事前に，出版者著作権管理機構 (電話03-5244-5088，FAX 03-5244-5089，e-mail: info@jcopy.or.jp) の許諾を得てください。

北大路書房

〒603-8303　京都市北区紫野十二坊町12-8
☎ 075-431-0361　FAX 075-431-9393
http://www.kitaohji.com

人生の終わりに学ぶ観想の智恵

ー死の床で目覚めよという声を聞くー　コーシン・ペイリー・エリソン他編　小森康永他訳　四六上製・464頁・定価5280円　マインドフルネスを含む東洋思想，シシリー・ソンダースやエリザベス・キューブラー・ロス，劇作家デレク・ウォルコットまで，古今東西の42人の「死」と「看取り」についてのエッセイ集。

シシリー・ソンダース初期論文集1958-1966

ートータルペイン　緩和ケアの源流をもとめてー　C.ソンダース著　小森康永編訳　四六・264頁・定価3080円　近代ホスピスの設立と普及に尽力し，死にゆく人の「痛み」を捉えようとした著者の思想を再訪。1958年の第一論文「がんで死ぬこと」をはじめ，8つの初期の論考を収録。編訳者の解説を通して，晩年に至るまでの思考の軌跡を辿る。

手作りの悲嘆

ー死別について語るとき〈私たち〉が語ることー　L.ヘツキ，J.ウィンズレイド著　小森康永，奥野 光，ヘミ和香訳　A5・336頁・定価4290円　悲嘆の痛みをやり過ごす最も良い方法は，既製のモデルに従うのではなく，その人自身の反応を「手作りする」ことにある。社会構成主義の立場から，死の臨床における治療的会話の新たな枠組みを示す。

Journey with Narrative Therapy ナラティヴ・セラピー・ワークショップ Book I

ー基礎知識と背景概念を知るー　国重浩一著　日本キャリア開発研究センター編集協力　A5・312頁・定価3080円　熟練ナラティヴ・セラピストによるワークショップを再現するシリーズ第一弾。基本的知識や背景をわかりやすく初学者に向け解説。ワークによる実践の具体例やデモも一部掲載し，参加者の声も多数紹介。

みんなのスピリチュアリティ

ーシシリー・ソンダース，トータルペインの現在ー　A. グッドヘッド，N. ハートレー編　小森康永他訳　四六・376頁・定価4290円　ホスピスはいかにして死にゆく人とその家族を支えるのか？　ホスピスで長年働いてきた医療者やボランティアがスピリチュアリティをどう理解してきたのか，自身の経験を交えながら率直に語り合う。

ナースのためのシシリー・ソンダース

ーターミナルケア　死にゆく人に寄り添うということー　C. ソンダース著　小森康永編訳　四六・196頁・定価2420円　看護師は，どのように終末期の患者とその家族の苦悩に寄り添えばよいのか？　看護師から医師へと歩んできた著者が，看護について率直に生き生きと語った13本の寄稿論文を収載。緩和ケアの「原点」に立ち返り，現代的意義を問う。

ディグニティセラピー

ー最後の言葉，最後の日々ー　H. M. チョチノフ著　小森康永，奥野 光訳　A5・216頁・定価2970円　緩和ケアの新技法である「ディグニティセラピー」。創始者のチョチノフ自らがその実際について包括的にまとめた入門書。具体的事例を通して，ディグニティセラピーをどのように行なうか，その実際を詳説。

はじめての家族療法

ークライエントとその関係者を支援するすべての人へー　浅井伸彦編著　坂本真佐哉監修　A5・208頁・定価3080円　家族療法の考え方や理論，背景，技法を概括的に捉えられる入門書。カップルカウンセリングやジェノグラムの実践，さらには家族支援にも役立つ書。オープンダイアローグなど，発展し続けるセラピーの〈多様性〉を紹介。

シリーズ心理学と仕事8 臨床心理学
太田信夫監修／高橋美保，下山晴彦編集　定価2200円

マインドフルネスストレス低減法
J. カバットジン著／春木 豊訳　定価2420円

ナラティヴ・セラピーのダイアログ
国重浩一，横山克貴編著　定価3960円

公認心理師標準テキスト 心理学的支援法
杉原保史，福島哲夫，東 斉彰編著　定価2970円

レベルアップしたい実践家のための 事例で学ぶ認知行動療法テクニックガイド
鈴木伸一，神村栄一著　定価2530円

ナラティブ・メディスンの原理と実践
R. シャロン他著／斎藤清二他訳　定価6600円

心理学ベーシック第5巻 なるほど！心理学面接法
三浦麻子監修／米山直樹，佐藤 寛編著　定価2640円

愛着関係とメンタライジングによるトラウマ治療
J. G. アレン著／上地雄一郎，神谷真由美訳　定価4180円

グラフィック・メディスン・マニフェスト
MK. サーウィック他著／小森康永他訳　定価4400円

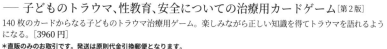

傷ついたこころを修復する方法を、理論と事例で説明

発達障がいとトラウマ
新刊！
理解してつながることから始める支援

小野真樹 著 　　　　　　四六判・228頁　定価 2,420円（税込）

発達障がいとトラウマが混在した、複雑な問題を抱えた子どもたちへの、普通の日常生活で誰にでもできる「治療的な関わり」。

発達障害・特別支援がわかるシリーズ、最新巻！

ハンディシリーズ：発達障害支援・特別支援教育ナビ
発達障害のある子ども・若者の**余暇活動支援**

加藤浩平 編著／柘植雅義 シリーズ監修

A5判・112頁　定価 1,430円（税込）

発達障害のある子ども・若者たちの余暇活動支援に焦点を当て、支援の必要性、その背景理論、具体的な実践の数々について紹介する。

自立した生活に必要なスキルを高めるために

発達障害支援に生かす　### 適応行動アセスメント

セリーン・A・ソールニア／シェリル・クライマン 著
黒田美保・辻井正次 監訳

A5判・224頁　定価 3,300円（税込）

発達障害支援において重要性が高まっている適応行動評価の要点が学べる指南書。主要な検査や障害ごとの特徴、支援計画の留意点を詳説。

こころの立ち直りを支えてくれるものは何か

レジリエンスの心理学
社会をよりよく生きるために

小塩真司・平野真理・上野雄己 編著

A5判・148頁　定価 2,090円（税込）

困難で、脅威を与えるような状況を経験したにもかかわらず、よく適応する過程や能力、結果はどのように生み出されているのだろうか。

効果的なカウンセリングスキル習得のために

認知行動療法［ベーシック］
コミュニケーションのあり方と効果的なカウンセリングスキル

谷口知子 著

A5判・164頁　定価 2,420円（税込）

認知行動療法のコミュニケーションのあり方に重点を置き、セラピストとしてのベースとなる基本的な知識やスキルを身につける。

実施も、採点も、結果レポートの作成も　　**オンライン実施システム**

  心理検査オンライン

『心理検査オンライン』の特徴

いつでも実施可能
webブラウザを使用するため、実施も回答もダウンロードやインストールは不要です。
検査者が回答者に回答用ID・パスワードを発行して検査を実施します。
回答サイトはスマートフォンにも対応。
時間にとらわれず、いつでもどこでも回答できます。

結果レポートの作成
回答後は自動採点により、これまでかかっていた採点時間を大幅に短縮できます。
フィードバックに役立つ結果レポートを作成できます。
作成したレポートは、PDFファイルでダウンロードできます。

実施データの一括ダウンロード
検査ごとの実施データ（実施日やローデータ等）の一覧をExcelファイルでダウンロードできます。
統計分析などにも便利です。

セキュリティ
ログインの二段階認証やグローバルIPアドレス制限など、安心してご使用いただくためのセキュリティ機能を実装しています。

オンラインで心理検査を実施・採点できるシステム

『新版TEG® 3』、『WHO QOL26』搭載‼ ※

※オンライン版　2021年9月現在。検査は順次追加予定です。

新版 TEG 3	オンライン版	1名	330円（税込）
WHO QOL26	オンライン版	1名	220円（税込）

※ご利用には「心理検査オンライン」への登録が必要です。
　詳細は、金子書房webサイトにてご確認ください。
※「心理検査オンライン」ロゴおよびTEGは株式会社金子書房の商標または登録商標です。

〒112-0012 東京都文京区大塚3-3-7　　**K金子書房**　　URL https://www.kanekoshobo.co.jp
TEL 03（3941）0111㈹　FAX03（3941）0163

このはな児童学研究所主催　セミナー、ワークショップ、心理相談室、フリースクールご案内

①　心理臨床セミナー

年間コース（4月申込で一年間）

心理臨床講座　1年次・2年次

講義、演習 （ミソドラマ、箱庭療法等）

購読 （遊戯療法）、スーパーヴィジョン

このはな市民カレッジ(11月3日開催、

講師：北山 修 氏（北山精神文化研究所、

白鷗大学学長、九州大学名誉教授）

②　日本橋心理相談室のご案内

月曜～金曜、10:00～21:00（予約制）

③　フリースクールのご案内（随時入学）

（小学生、中学生、高校生対象）

申込先・問合せ先：103-0007
東京都中央区日本橋浜町2-25-2-1F
このはな児童学研究所　Tel.03-3639-1790
e-mail: konohana@konohana.jp
http://www.konohana.jp/

④　ワークショップのご案内

（参加費：各20,000円, 在籍学生半額）

ワークショップ名と講師	日 程
トラウマからの回復過程としての箱庭表現	11月23日（火）
安島 智子(このはな児童学研究所)	13:00 ～ 18:00
臨床動作法の実際	11月28日（日）
鶴 光代(東京福祉大学大学院)	13:00 ～ 18:00
セラピスト、対人援助職の「こころをたがやす」フォーカシング — セラピスト・フォーカシングとインタラクティブ・フォーカシング	2022年 1月30日（日）
伊藤 研一(学習院大学)	13:00 ～ 18:00
感情変容－レジリエンスを育む	同 2月6日（日）
岩壁 茂(お茶の水女子大学大学院)	13:00 ～ 18:00
「切り貼り遊び(コラージュ)」を通して心理療法の原則を学 ぶ	同2月27日（日）
森谷 寛之(京都コラージュ療法研究所所長・京都文教大学 名誉教授)	13:00 ～ 18:00

新刊案内

Ψ **金剛出版** 〒112-0005 東京都文京区水道1-5-16　Tel. 03-3815-6661　Fax. 03-3818-6848
e-mail eigyo@kongoshuppan.co.jp　URL https://www.kongoshuppan.co.jp/

CRAFT 物質依存がある人の 家族への臨床モジュール

［著］H・G・ローゼン　R・J・メイヤーズ　J・E・スミス
［監修］松本俊彦　境 泉洋　［監訳］佐藤彩有里　山本 彩　［訳］白石英才

コミュニティ強化と家族トレーニング（CRAFT）は，アルコールや薬物などの物質使用障害の問題を抱える個人に対して，関係する重要な他者を通じて支援することを目的とした，エビデンスに基づくアプローチである。本書は，CRAFTの実際の面接で活用されやすいように，書き込み式のワークシート，具体的な会話例，モジュールが適切に実行されたかどうかを確認するチェックリストを付録する，極めて実践的なものである。　定価3,080円

CRAFT ひきこもりの家族支援ワークブック 改訂第二版

共に生きるために家族ができること

［編著］境 泉洋　［著］野中俊介　山本 彩　平生尚之

「日々の生活を共に生きる」という安心に基づく家族支援の視点から，安心できる関係づくりをめざし，加えて対応困難とされる発達障害のあるケースにも論及している。臨床心理士，公認心理師，精神科医，教育関係の援助職，あらゆる職種の方々が家族のコミュニケーション改善に取り組む際に有用な援助技法を解説したワークブック。　定価3,300円

精神症状の診かた・聴きかた

はじめてまなぶ精神病理学

［編著］日本精神病理学会教科書委員会
（熊﨑 努　芝伸太郎　清水光恵　松本卓也）

カール・ヤスパースの了解概念――目の前の患者の話を治療者の心に写し取って吟味すること――を第一歩とした精神病理学は，患者の心の動きを治療者自身の心に再現する困難な作業を探求し，「了解の幅」を拡げてきた。そして，面接で話を聞き揺り動かされる治療者が「客観的な観察者」ではなくなるとき，「一緒に感じる」プロセスとしての了解，「了解の治療的価値」が生まれる。それは精神病理学が臨床や支援現場における日々の実践の土台となりうるポテンシャルを秘めていることの証左でもある。　定価3,960円

価格は10%税込です。

新刊案内

Ψ金剛出版　〒112-0005　東京都文京区水道1-5-16　Tel. 03-3815-6661　Fax. 03-3818-6848
e-mail eigyo@kongoshuppan.co.jp　URL https://www.kongoshuppan.co.jp/

胎児から子どもへ
その連続性と心の生まれるところ

[著] アレッサンドラ・ピオンテッリ
[監訳] 鵜飼奈津子　[訳] 村田りか

アレッサンドラ・ピオンテッリ博士は，超音波スキャンによって子宮内の胎児を観察し，その後の成長を各家庭で観察，また分析するという，先駆的な研究を行った。それによって明らかとなった，胎児から子どもにかけての行動と心の驚くべき連続性は，綿密な観察と，子どもの心理療法士でもある彼女の優れた精神分析的心理療法に裏打ちされたものである。精神分析家はもちろん，乳幼児に関わるすべての専門家にとって大いに役立つ内容の詰まった名著，待望の邦訳である。　　　　　　　　　　　　　定価4,620円

現代精神分析基礎講座 第3巻
精神分析学派の紹介1－クライン学派，対象関係論

[編者代表] 古賀靖彦
[編] 日本精神分析協会 精神分析インスティテュート福岡支部

精神分析は，S.フロイトから出発し発展していくなかで，無意識という概念を軸に，ひとのこころのありようを探索し理解するさまざまな方法が検討され，概念化，理論化されて，臨床技法が磨かれていった。そのなかで，子どもの治療に携わったクラインによる早期の対象関係に着目した学派にクライン派がある。フロイトが対象外とした精神病患者や自己愛的な患者との分析臨床からは，こころの機制についての理論が精緻化された。治療困難な患者の理解やアプローチについての考えが推敲されている。　　　定価4,180円

現代精神分析基礎講座 第5巻
治療論と疾病論

[編者代表] 古賀靖彦
[編] 日本精神分析協会 精神分析インスティテュート福岡支部

1996年から始まり今も続く精神分析インスティテュート福岡支部主催の精神分析セミナーを基にそれらの講演をまとめたものである。最終巻となる本巻は，治療論と疾病論の講によって構成されている。一般的な精神分析治療の始まりから維持・進展，そして終結までが紹介され，また，フロイトが精神分析を適用した領域である「神経症」をはじめ，「心身症」「統合失調症」「感情障害」「摂食障害」「パーソナリティ障害」「自閉症」「トラウマ」と，疾病ごとの精神分析的理解とアプローチが論じられる。　　　定価4,180円

価格は10%税込です。

好評既刊

Ψ金剛出版　〒112-0005　東京都文京区水道1-5-16　Tel. 03-3815-6661　Fax. 03-3818-6848
e-mail eigyo@kongoshuppan.co.jp　　URL https://www.kongoshuppan.co.jp/

終末期と言葉
ナラティヴ／当事者
[著]高橋規子　小森康永

語られ，書かれた世界が人を規定する一方で，しかしそこで語り，書くことこそが世界を拓く。2011年11月，食道がんでこの世を去った気鋭の心理臨床家・高橋規子と，精神腫瘍医小森康永のメール往復書簡を中心にまとめられた本書は，刻々進行するがんと「終末期」の時間を縦糸に，「当事者」が語ることの可能性を横糸に織り上げられた一つのナラティヴ実践である。セラピスト・高橋規子の支援から協同へのラディカルな転換は，本書に収められた遺稿「友人Dの研究」にひとまずの結実をみるが，しかし自らの「終末期」の構築を通してその先へと読者を誘う。　　　　定価3,300円

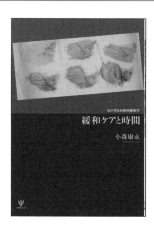

緩和ケアと時間
私の考える精神腫瘍学
[著]小森康永

緩和ケアとは，生命を脅かす疾患による問題に直面している患者およびその家族のQOL（生活の質）を改善するアプローチである。苦しみを予防したり和らげたりすることでなされるものであり，そのために痛みという身体的問題，心理社会的問題，スピリチュアルな問題の早期発見，的確なアセスメントと治療を行うという方法がとられる。本書では，「時間」を臨床概念として導入することで，「緩やかに和す」と，患者の時間感覚に配慮した治療やケアを目指し，さらに終末期に有効なチョチノフ博士の"ディグニティ（尊厳）セラピー"を詳しく紹介している。　　　　定価3,080円

ディグニティセラピーのすすめ
大切な人に手紙を書こう
[著]小森康永　H・M・チョチノフ

ディグニティセラピーは，「あなたの人生において，特に記憶に残っていることや最も大切だと考えていることは，どんなことでしょう？」からはじまる9つの質問からなる。死期に近づいた人々が，これらの質問に答えることで，これまでの人生を振り返り，自分にとって最も大切になったこと，周りの人びとに一番憶えておいてほしいことについて話す機会を提供する。本書は，その創始者であるチョチノフ博士による研究論文，そして精神科医・小森康永による日本ではじめての実践例を紹介する。緩和ケア提供者の終末期患者に対する援助への大きな参考となるでしょう。　　　　定価3,080円

価格は10%税込です。

好評既刊

Ψ 金剛出版　〒112-0005　東京都文京区水道1-5-16　Tel. 03-3815-6661　Fax. 03-3818-6848
e-mail eigyo@kongoshuppan.co.jp　URL https://www.kongoshuppan.co.jp/

DV加害者プログラム・マニュアル

［編著］NPO法人リスペクトフル・リレーションシップ・プログラム研究会（RRP研究会）
［編集協力］森田展彰　髙橋郁絵　古賀絵子　古藤吾郎　髙野嘉之

社会的要請を受けながらも見送られたDV加害者プログラムの公的導入だったが，NPO法人RRP研究会（代表理事＝信田さよ子）では，グラスルーツのDV加害者プログラムが展開されてきた。RRP研究会による加害者プログラム実践の集大成となるマニュアルでは，DV加害者臨床の歴史から最新の理論・技法に至る解説によりDV加害者プログラムの基礎知識を養ったうえで，怒りや隠された感情を言葉にして伝えること，加害行為の責任を取ること，被害者を尊重する関係を築くことなど，プログラムの運営をわかりやすく紹介していく。　　　　　　　　　　　　　　　　　　　定価3,740円

実践アディクションアプローチ

［編著］信田さよ子

1970年代からの依存症臨床は，当事者と専門家の開かれた対話を展開しながら脱医療モデルを志向し，マージナルな「異端の実践」ゆえに独自に進化してきた。アディクションからの回復における自助と共助の可能性の探索が今，専門家と当事者の交差域で新たな実践知を起動する。回復の遺産を継承してきた自助グループカルチャー，専門家・当事者の関係を転換する当事者研究，社会変動と新潮流をとらえようとする理論的考察，そして多彩な臨床現場から創発された援助実践──パラダイムシフトの熱量に突き動かされた専門家と当事者が織り成す「アディクションアプローチ」を総展望する。　　　　　　　　　　　　　　　　　　　　　　　　定価3,520円

アディクション臨床入門
家族支援は終わらない

［著］信田さよ子

アディクション臨床における「当事者」とは誰か？　「抵抗とともに転がる」とは何を意味するのか？　「家族の変化の起動点」はどこにあるのか？　カウンセラーとクライエントの「共謀」とは何か？──DVや児童虐待をも視野に収める逆転の発想でアディクション臨床における心理職の役割を確立し，アダルトチルドレン，治療的共同体，被害者臨床を補完する加害者臨床などのコンセプトと実践を取り込む機動力でアディクション臨床とともに走りつづける臨床家の思想遍歴と臨床美学を一挙公開。藤岡淳子との初対談を収録したアディクション・アプローチの聖典！　　　　　　定価3,080円

価格は10％税込です。

精神療法

増刊第8号　2021 Japanese Journal of Psychotherapy

平木典子＋「精神療法」編集部（編）　　B5判 212頁 定価3,080円

アサーション・トレーニング活用術

さまざまな現場での臨床応用

Ψ金剛出版

東京都文京区水道1-5-16　電話 03-3815-6661　FAX 03-3818-6848
https://www.kongoshuppan.co.jp/

価格は10%税込です。